Christian A. Schwarz

Gott ist unkaputtbar

12 Antworten auf die Relevanzkrise des Christentums

Gerth Medien

Bislang unbekannte Forschungsergebnisse aus Gemeinden in 86 Ländern offenbaren, dass es in den letzten acht Jahren epochale Veränderungen in der weltweiten Christenheit gegeben hat, die in den Diskussionen über die Kirche von morgen bislang keine nennenswerte Rolle spielen.

Die von Christian A. Schwarz ausgewerteten Daten stammen aus seinen Forschungen in 75.000 Gemeinden weltweit und beruhen auf der Befragung von 2,3 Millionen Menschen. Dieser einzigartige Datenpool ermöglichte es dem Schwarz-Team, die Entwicklung Zehntausender Gemeinden über zwanzig Jahren hinweg zu verfolgen und dabei Entdeckungen zu machen, die die Kirche buchstäblich vom Kopf auf die Füße stellen könnten.

In diesem Buch stellt Schwarz nicht nur diese Ergebnisse vor, sondern plädiert gleichzeitig für zwölf praktische Reformen, die den christlichen Glauben für Menschen unserer Zeit faszinierend und relevant machen – und für manche vielleicht sogar unwiderstehlich.

Originaltitel: God Is Indestructible – 12 Responses to the Relevance Crisis of Christianity

NCD Media, Emmelsbüll
www.ncd-media.de
www.ncd-international.org

1. Auflage 2020
Bestell-Nr. 817641
ISBN 978-3-95734-641-4

Cover: Grafikbüro Sonnhüter, *www.grafikbuero-sonnhueter.de*
Foto: passion artist (*shutterstock.com*), Unsplash
Grafiken im Buch vom Autor

Druck und Verarbeitung: Mohndruck, Gütersloh • Printed in Germany

Inhalt:
Gott ist unkaputtbar

Einführung: Der Weckruf Dietrich Bonhoeffers

„Bis Du groß bist, wird sich die Gestalt der Kirche sehr verändert haben,"[1] schrieb der 38-jährige Häftling Dietrich Bonhoeffer in seiner zwei mal drei Meter großen Zelle in Berlin-Tegel. Er war dort seit mehr als einem Jahr inhaftiert und wartete auf den Prozess. Grund dafür war seine Beteiligung an den Versuchen zur Ermordung des deutschen Reichskanzlers Adolf Hitler. Bonhoeffers sorgfältig formulierten Worte richteten sich an seinen jungen Patensohn. Der Brief sollte an die Eltern des Kindes zu seiner Taufe geschickt werden, um ihm zu einem späteren Zeitpunkt, wenn es als Jugendlicher oder Erwachsener die Tragweite dieser Worte würde erfassen können, übergeben zu werden.

Bonhoeffer fuhr fort: „Es ist nicht unsere Sache, den Tag vorauszusagen – aber der Tag wird kommen –, an dem wieder Menschen berufen werden, das Wort Gottes so auszusprechen, dass sich die Welt darunter verändert und erneuert. Es wird eine neue Sprache sein, vielleicht ganz unreligiös, aber befreiend und erlösend, wie die Sprache Jesu"[2]. Die Menschen werden sich über sie „entsetzen" und gleichzeitig „von ihrer Gewalt überwunden" werden[3].

Bonhoeffers dreifache Vision

Wie bei so vielen seiner Briefe aus der Haft schrieb Bonhoeffer diese Worte mit einem Blick auf kommende Generationen. Aus gutem Grund wird dieser Taufbrief als Ausdruck des Kerns seines Vermächtnisses angesehen. Wenn es überhaupt statthaft sein sollte, den Begriff „prophetisch" zu verwenden, wäre er hier fraglos passend.

Alle Schriften Bonhoeffers befassen sich direkt oder indirekt mit der Frage, wie sich christlicher Glaube so ausdrücken lässt, dass Gott nicht als eine abstrakte Idee wahrgenommen wird, sondern als jemand, der sowohl von religiösen als auch von nicht-religiösen Menschen als aktiv, gestaltend und relevant erlebt werden kann. In seinen Briefen aus der Haft brachte er drei Anliegen zum Ausdruck, die sich geradezu so anhören, als wären sie für unsere Zeit formuliert:

- Erstens verwies er unerbittlich auf *Gott als jenseitig inmitten unseres Lebens*, statt Gott in einer abgesonderten religiösen Sphäre anzusiedeln, die von unseren täglich zu bewältigenden Herausforderungen losgelöst ist. Vor diesem Hintergrund konnte er ausdrücklich für eine „weltliche" Spiritualität plädieren.
- Zweitens betonte er, dass die *Welt mündig geworden* sei. Er wandte sich leidenschaftlich gegen alle paternalistischen Versuche, sich dieser Mündigkeit in den Weg zu stellen und Menschen wie unmündige Kinder zu behandeln.
- Drittens verdichtete er seine Vision von Kirche auf das Motto *Kirche für Andere*. Er widersprach der Neigung weiter Teile der Kirche seiner Zeit, sich in erster Linie für ihre eigenen Interessen einzusetzen. Er verstand, dass der vorrangige Zweck von Kirche darin besteht, sich Menschen zuzuwenden, die sich nicht als Christen verstehen.

In diesem Buch werden wir praktische Wege erörtern, wie wir mit dem, was ich als „Relevanzkrise" des Christentums bezeichnen möchte, umgehen können. Ich bin überzeugt, dass Bonhoeffers Botschaft – veranschaulicht durch sein Leben und untermauert durch seinen Tod – uns dabei helfen kann, diese Krise geradewegs an der Wurzel zu packen.

Im Laufe der letzten fünfzig Jahre haben viele Menschen Bonhoeffer so hoch auf ein Podest gestellt, dass sie sich nicht vorstellen können, mit ihm auf Augenhöhe zu kommunizieren. Anstatt mit ihm und seiner Theologie in einen kreativen Dialog zu treten, wozu er die Menschen sein Leben lang herausgefordert hat, beschränken sie sich darauf, Fragen an den großen Bonhoeffer zu stellen und zu erwarten, dass dieser das tut, was er Zeit seines Lebens konsequent abgelehnt hat – ihnen zeitlose Antworten zu liefern.

Leicht vergessen wir, dass Bonhoeffers Hauptaufgabe nicht darin bestand, Antworten zu formulieren, sondern die richtigen Fragen zu stellen. Emmi Bonhoeffer, die Ehefrau von Dietrichs älterem Bruder Klaus, beschrieb sehr treffend, wie Dietrich üblicherweise auf Fragen reagierte. Seine Antworten bestanden häufig darin, Gegenfragen zu stellen, die das Gespräch weiterführten, statt „eine bündige Antwort" zu geben[4]. In seiner Gegenwart wagten Menschen es, Gedanken zum Ausdruck zu bringen, die sie vielleicht nicht einmal gewagt hätten, sich selbst gegenüber zu formulieren.

Eines der größten Privilegien meines Lebens ist es, den ältesten Sohn von Emmi und Klaus, Thomas Bonhoeffer, ein Patensohn von Dietrich und ein Mann mit ungeheuer scharfem theologischen Geist, als einen meiner wichtigsten geistlichen Mentoren zu haben. In Thomas Bonhoeffer habe ich jemanden gefunden, mit dem ich nicht nur alle erdenklichen Fragen der Theologie und des Lebens besprechen kann, sondern in dem ich auch fortwährend Wesenszügen begegne, die für viele Mitglieder der Bonhoeffer-Familie charakteristisch zu sein scheinen. Einer dieser Wesenszüge ist die Art, wie sie ihren Gesprächspartnern auf Augenhöhe begegnen, ganz gleich, ob sie deren Meinungen teilen mögen oder nicht. Obgleich ich nie die Gelegenheit hatte, mit seinem Patenonkel zu kommunizieren – er wurde fünfzehn Jahre, bevor ich geboren wurde, ermordet –, begegne ich in Thomas Bonhoeffer immer wieder einem eindrucksvollen Beispiel für die gleiche Haltung, die für Dietrich so charakteristisch gewesen ist.

Dies ist jedoch kein Buch über Dietrich Bonhoeffer und dessen Familie, sondern über epochale Veränderungen, die das Umfeld des Christentums und auch das Christentum selbst erfasst haben, und über praktische Möglichkeiten, auf diese Herausforderungen zu reagieren. Ich bin überzeugt, dass die gegenwärtige Relevanzkrise des Christentums in direktem Zusammenhang mit dem Scheitern steht, das zu vermitteln, was Bonhoeffer als die Jenseitigkeit Gottes inmitten unseres Lebens bezeichnet hat.

Viele kirchendistanzierte Menschen sehnen sich danach, Gott als aktiv, gestaltend und relevant zu begegnen. Was sie jedoch erleben, wenn sie mit christlichen Aktivitäten in Kontakt kommen, spricht sie nicht wirklich an. Es berührt weder ihren Kopf noch ihr Herz, und es bewegt auch nicht ihre Hände. Sie verlassen diese Veranstaltungen, ohne den Eindruck gewonnen zu haben, Gott auch tatsächlich begegnet zu sein.

Dies sind nicht unbedingt ungeistliche Menschen. Sie sehnen sich danach, Gott zu erfahren. Aber wenn das wieder und wieder nicht geschieht, sehen sie keinen Nutzen darin, an Versammlungen teilzunehmen, in denen diese Nicht-Erfahrung zelebriert wird. Es gibt eine zunehmende Zahl von engagierten Christen, die ähnliche Gefühle hegen. Das bringt sie vielleicht nicht dazu, ihrem Glauben abzuschwören. Sie spüren aber deutlich, dass irgendetwas nicht so ist, wie es eigentlich sein sollte.

Ein Thema für Christen und Nichtchristen

Dieses Buch wurde sowohl für aktive Christen geschrieben, die sich zunehmend unzufrieden fühlen mit der Art und Weise, wie der christliche Glaube in ihrem eigenen Leben und in ihren Gemeinden zum Ausdruck kommt, als auch für kirchendistanzierte Menschen, die offen sind für neue spirituelle Erfahrungen, aber die Kirche bisher nicht als einen Ort erlebt haben, an dem sie Derartiges realistischerweise erwarten könnten.

Werfen Sie einen Blick auf das Diagramm rechts. Es unterscheidet vier verschiedene Kategorien von Lesern:

- Quadrant A: Christen, die nicht daran interessiert sind, Wachstum zu erleben.
- Quadrant B: Nichtchristen, die nicht an Wachstum interessiert sind.
- Quadrant C: Christen, die bereit sind zu wachsen und sich folglich zu verändern.
- Quadrant D: Nichtchristen, die zu Wachstums- und Veränderungsprozessen bereit sind.

Auch wenn dieses Buch sowohl für Christen als auch für Nichtchristen geschrieben wurde, wird es sehr wahrscheinlich primär Vertreter der Quadranten C und D ansprechen. Christen haben nicht alle Antworten, und Nichtchristen haben nicht alle Antworten. Beide haben ihre Stärken und ihre Grenzen. Beide haben ihre blinden Flecken, und beide haben ihre über viele Jahre hinweg entwickelten Wohlfühlzonen. Allerdings gibt es einen grundlegenden Unterschied zwischen denen, die bereit sind zu wachsen – was unweigerlich beinhaltet, sich selbst in Frage zu stellen, die eigene Wohlfühlzone zu verlassen, neue Horizonte zu erkunden und sich zu verändern –, und denen, die nicht bereit sind, sich auf Derartiges einzulassen. In diesem Bemühen können gegenseitige Lernprozesse zwischen Christen und Nichtchristen für beide Gruppen von Nutzen sein. Dieses Buch wird darüber sprechen, wie die Kirche der Zukunft zu einer inspirierenden Umgebung für solche gegenseitigen Lernprozesse werden kann.

Wenn Sie selbst Christ sind und feststellen sollten, dass Ihnen einige Ausführungen in diesem Buch ungewohnt oder gar suspekt erscheinen, dann werfen Sie nicht vorschnell die Flinte ins Korn. Das Verlassen der eigenen Wohlfühlzone ist ein unerlässlicher Bestandteil eines jeden Wachstumsprozesses. Und wenn Sie kein Christ sind und auf Gedanken stoßen, die außerhalb Ihrer Wohlfühlzone liegen, dann begegnen Sie diesen mit der gleichen Aufgeschlossenheit, von der Sie sich wünschten, dass sie auch jeder Christ an den Tag legte. Genau so funktioniert Lernen auf Augenhöhe.

Es kann gut sein, dass christliche Leser die größten Schwierigkeiten mit einigen Aussagen dieses Buches haben, die aus einer sorgfältigen Analyse der Bibel stammen und dabei Erkenntnisse ans Tageslicht bringen, die in der Vergangenheit vernachlässigt oder sogar völlig ignoriert wurden. Und es könnte sein, dass gerade *diese* Erkenntnisse in besonderer Weise solche Leser ansprechen, die sich nicht als Christen verstehen. Nichtchristen als Fürsprecher biblischer Wahrheiten, die viele Christen nicht bereit sind zu

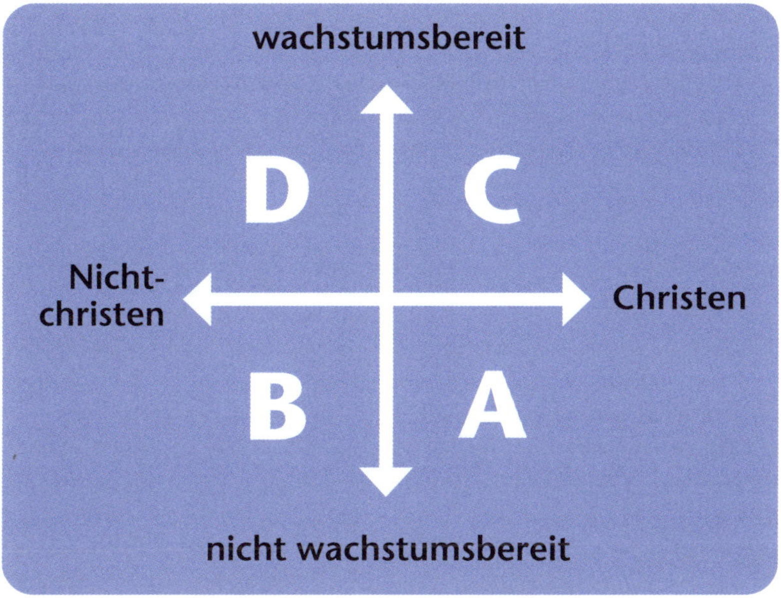

Während die horizontale Achse Nichtchristen und Christen unterscheidet, unterscheidet die vertikale Achse diejenigen, die bereit sind zu wachsen und sich zu verändern, von denen, die diese Bereitschaft nicht aufbringen.

akzeptieren? So überraschend es auch klingen mag, genau dies ist eine Erfahrung, die ich regelmäßig mache.

Meine Hoffnung ist, dass sowohl Christen als auch Nichtchristen durch die Lektüre dieses Buches ihre bisherige Auffassung von der christlichen Botschaft erheblich erweitern und viele der gängigen Klischeevorstellungen über Glauben und Kirche überwinden werden.

Die Relevanzkrise verstehen

Vieles hat zu der erwähnten Relevanzkrise des Christentums beigetragen. Nach meiner Einschätzung sind die fünf wichtigsten Faktoren die folgenden:

- Erstens haben die neuen, auf Digitalisierung und Globalisierung basierenden Kommunikationstechnologien zu neuen Mustern der Entscheidungsfindung geführt. Während man sich in der Vergangenheit weitgehend damit begnügte, Antworten zu den unterschiedlichsten

Lebensfragen aus einer einzigen Hand zu erhalten, werden wir heute dazu angehalten, stets die zur Verfügung stehenden Optionen zu vergleichen und dabei ein weites Spektrum von Anbietern zu berücksichtigen. Wenn wir nicht umgehend finden, was wir suchen, klicken wir auf eine alternative Option. Wir haben uns daran gewöhnt, fortwährend „das Beste" auszuwählen, und mit unseren Smartphones haben wir einen Großteil der verfügbaren Optionen unmittelbar im Zugriff. Folglich hat unser Gehirn begonnen, anders als in der Vergangenheit zu arbeiten. Mobilgeräte werden fast schon als externe Festplatten des Gehirns wahrgenommen – und gleichzeitig als Weg, mit anderen Menschen in Verbindung zu treten. Diese Gewohnheit hat begonnen, diejenigen Teile des Gehirns zu prägen, die dazu bestimmt sind, Emotionen zu verarbeiten. Religiöse Gefühle sind davon nicht ausgenommen.

- Zweitens haben Fortschritte im Blick auf Bildung und soziale Sicherheit in weiten Teilen der Welt dazu geführt, dass die gefühlte Notwendigkeit, Gott um direkte Interventionen anzuflehen, immer geringer wird. In ihrem Buch *Megachange – The World in 2050*, das sorgfältig durchgeführte empirische Studien mit dem Ziel präsentiert, Prognosen für zukünftige Entwicklungen zu geben, konstatieren die Autoren: „Die Welt wird 2050 mehr Gläubige haben, aber die säkularisierten Menschen werden letztendlich gleichwohl die Erde erben"[5]. Je höher der Bildungsstand einer Gesellschaft wird und je mehr die soziale Sicherheit steigt, desto geringer sind die „religiösen Bedürfnisse" der Menschen. Diese Beobachtung ist deshalb so bemerkenswert, da das Christentum in starker Weise zu Bildung und sozialer Sicherheit beigetragen hat. Genau die Dinge, die vom Christentum zu allen Zeiten vorangetrieben wurden, sind jetzt zu Hauptgründen geworden, warum man der Agentur den Rücken kehrt, die maßgeblich dabei geholfen hat, diese Fortschritte zu erzielen.
- Drittens hat zunehmender Individualismus insbesondere in westlichen Gesellschaften dazu geführt, dass die Suche nach Spiritualität ohne Einbindung in eine institutionelle Kirche oder gar ganz ohne Religion als realistische Möglichkeit gesehen wird. Das Motto vieler Menschen ist: „Religion nein, Spiritualität ja." Diese Menschen sind nicht notwendigerweise feindselig gegenüber der Kirche eingestellt. Für sie ist Kirche schlicht irrelevant geworden. Sie bekämpfen sie nicht. Sie ignorieren sie.
- Viertens hat der Umstieg von heteronomen Gesellschaftsstrukturen zur Betonung menschlicher Autonomie zu einer generellen Skepsis gegenüber allem geführt, was als heteronom oder paternalistisch empfunden wird. Das gilt auch für kirchliche Angebote. Im Unterschied

zu vergangenen Zeiten wird der Besuch eines Gottesdienstes nicht als Sonntagspflicht gesehen, sondern als eine von vielen Möglichkeiten, seine Freizeit zu gestalten. Und der Wettbewerb zwischen den verfügbaren Freizeitoptionen hat sich verschärft. Appelle an das „religiöse Pflichtgefühl" haben, von verschwindend kleinen Randgruppen abgesehen, fast vollständig ihre Wirkung verloren.

- Fünftens hat das Versagen des westlichen Christentums, das volle biblische Gottesbild zu kommunizieren – Gott sowohl als personal als auch als transpersonal, sowohl als Realität jenseits von uns als auch als Realität, die in uns selbst wahrnehmbar ist, sowohl göttlicher Wille als auch göttliche Energie –, bei Christen zu einer zunehmenden Unzufriedenheit mit der eigenen Spiritualität geführt, und bei Nichtchristen zu dem Gefühl, dass christlicher Glaube weltfremd und irrelevant sei.

Viele Menschen betrachten die genannten Entwicklungen als Bedrohung, da konventionelle Formen des Christentums zunehmend unter Beschuss geraten. Die prophetische Analyse Dietrich Bonhoeffers („Gott als jenseitig mitten in unserem Leben", „die mündig gewordene Welt", „Kirche für Andere") kann uns jedoch helfen, diese Entwicklungen in einem neutralen, wenn nicht gar positiven Licht zu sehen. Ist das Christentum an Formen des kirchlichen Lebens gebunden, die in der Vergangenheit praktiziert wurden? Oder geht es nicht vielmehr darum, sich der ständigen Herausforderung zu stellen, die unveränderliche Essenz des Evangeliums mit sich verändernden Situationen in einen Dialog zu bringen, auch wenn dies zu fortwährenden und durchaus schmerzhaften Reformprozessen führt?

Dieses Buch handelt von einer neuen Form des Christentums, für die in verschiedenen Teilen der Welt bereits erste Hinweise aufleuchten. In dieser Zeit der Transformation gibt es eine Reihe von Elementen, die noch nicht hinreichend verstanden worden sind, und einige dieser Elemente – die entscheidenden sogar – verweisen auf grundlegende biblische Erkenntnisse, die in der Vergangenheit vernachlässigt, ignoriert oder sogar unterdrückt wurden.

Christentum 3.0

In seiner zweitausendjährigen Geschichte hat sich das Christentum fortwährend verändert – erstens, weil sich die Welt verändert hat, und zweitens, weil Christen beim Studium der Bibel immer wieder auf neue Entdeckungen gestoßen sind. Für unsere Zwecke mag es ausreichen, die komplexe Entwicklung des Christentums auf drei Hauptphasen zu reduzieren:

Christentum 1.0 *Von Jesus bis zur Formierung der frühen Kirche*	***Entstehung*** *und* ***Formierung***	*beinhaltet normative Bestandteile und unentdeckte biblische Schätze*
Christentum 2.0 *Von der frühen Kirche bis zur Gegenwart*	***Institutionalisierung*** *und* ***Segmentierung***	*beinhaltet umfangreiche geistliche Entdeckungen, die allerdings vielerorts unbekannt geblieben sind*
Christentum 3.0 *Beginn in unserer Zeit*	***Individualisierung*** *und* ***Globalisierung***	*steht vor der Herausforderung, die Kernanliegen von Christentum 1.0 und 2.0 auf die aktuellen Entwicklungen zu beziehen*

Während die Phasen des Christentums 1.0 und 2.0 relativ klar charakterisiert werden können, ist es deutlich schwieriger, Christentum 3.0 zu beschreiben, da derzeit noch nicht abzusehen ist, wie Christen auf die Herausforderungen reagieren werden, denen sie derzeit gegenüberstehen.

- Erstens *Christentum 1.0, die Zeit der Entstehung und Formierung*: Diese Phase begann mit Jesus von Nazareth und seinen Jüngern und umfasst die Entstehung der frühen Kirche, deren Beginn im Neuen Testament beschrieben wird. Die Antwort auf die Frage, wann diese Zeit zu ihrem Ende gekommen sein könnte, hängt von der Perspektive des Betrachters ab. Einige mögen dazu neigen, das Ende dieser Periode bereits mit dem Tod des letzten der ursprünglichen Apostel anzusetzen; andere sehen diese Phase die ersten drei oder gar vier Jahrhunderte andauern. Für alle Strömungen des Christentums beinhaltet diese Phase normative Kriterien. Es war diese Phase, in der der Wesenskern des Christentums – seine DNA sozusagen– herausgebildet wurde.
- Zweitens *Christentum 2.0, die Zeit der Institutionalisierung und Segmentierung*: Diese Phase umfasst die lange Zeitspanne zwischen früher Kirche und Gegenwart – das beispiellose Wachstum der Kirche, die zunehmende Entfremdung zwischen griechischem Osten und lateinischem Westen, die Kirche des Mittelalters, die Reformation, die postreformatorische Zeit mit der Entstehung von Tausenden neuer Denominatio-

nen und schließlich die Epochen der Aufklärung, Moderne und Postmoderne mit ihrer wachsenden Skepsis gegenüber Institutionen.

- Drittens *Christentum 3.0, die Zeit der Individualisierung und Globalisierung*: Im Gegensatz zu den beiden vorangegangenen Phasen ist es weitaus schwieriger, rein deskriptive Begriffe für das zu finden, was auf Christentum 2.0 folgen könnte, da derzeit noch nicht abzusehen ist, welche Form von Kirche sich als Antwort auf die beispiellosen Verwerfungen, denen wir gegenwärtig gegenüberstehen, herauskristallisieren könnte. Deshalb habe ich zwei Begriffe gewählt, die mehr den gesellschaftlichen Kontext beschreiben als die Antwort, die das Christentum auf die damit verbundenen Herausforderungen finden könnte.

„Konservative" und „Progressive"

Im heutigen Christentum gibt es zwei Lager, die ich als „Progressive" und „Konservative" bezeichnen möchte. Im Blick auf den gegenwärtigen Zustand der Kirche fragen die Progressiven: Wie können wir uns am besten an die kulturellen und gesellschaftlichen Veränderungen, die wir derzeit erleben, *anpassen*? Welche Teile unseres christlichen Erbes können dabei als unnötiger Ballast betrachtet werden, der uns daran hindert, das Christentum in unserer Zeit relevanter werden zu lassen? Die Konservativen dagegen stellen Fragen wie diese: Was muss sich ändern, damit das Christentum zu seinen ursprünglichen Maßstäben *zurückfindet*? Wie können wir biblische Prinzipien in unserer Zeit umsetzen, statt sie aufzuweichen oder gar aufzugeben?

Während viele Vertreter dieser beiden Gruppen ihre besten Energien einsetzen, um die Position des „gegnerischen Lagers" zu bekämpfen, fragen immer mehr Menschen: Schließen sich diese beiden Positionen wirklich gegenseitig aus (siehe Tabelle auf der nächsten Seite)?

Auch wenn ich mich entschieden habe, dieses Buch in einem recht persönlichen Stil zu schreiben, geht es inhaltlich nicht um meine subjektiven Erfahrungen. Ich werde mich immer wieder auf zwei externe Quellen beziehen, auf die ich gleich zu Beginn verweisen muss, unabhängig davon, ob mir oder anderen Menschen das, was wir in ihnen finden, gefallen mag:

- Erstens die Prinzipien, die in der Bibel vermittelt werden. Es ist wahr, dass die biblischen Schriften im Laufe der Kirchengeschichte immer wieder missbraucht wurden. Meine Erfahrung ist jedoch, dass immer dann, wenn wir in ihnen nach den zugrunde liegenden Prinzipien suchen und diesen erlauben, unsere eigenen Denkmuster in Frage zu stellen, überaus stimulierende Entdeckungen gemacht werden können.

„Konservative"	„Progressive"
Unverfälschtheit	Anpassung
Fokus auf Unveränderliches	Fokus auf Veränderliches
Kampf gegen Verfall	Arbeit für Fortschritt
Homogenität	Vielfalt
Bewahrung	Voranschreiten
Reform als: „zurück zu den (biblischen) Wurzeln"	Reform als: „Befreiung von (unnötigem) dogmatischem Ballast"

„Konservative" und „Progressive" befassen sich mit unterschiedlichen Aspekten des kirchlichen Lebens, die – während viele Menschen sie als einander ausschließend empfinden – in Wahrheit komplementär sind.

- Zweitens habe ich mich in den letzten 25 Jahren aktiv an empirischen Forschungen beteiligt. Derzeit basieren die Daten auf 220 Millionen individuellen Antworten, erhoben in Befragungen von 2,3 Millionen Menschen in rund 75.000 christlichen Gemeinden in 86 Ländern. Diese einzigartige Informationsquelle hat es mir und meinem Team ermöglicht, die Entwicklung von Tausenden von Gemeinden über mehr als zwanzig Jahre hinweg zu beobachten.

Alle Entdeckungen weisen in die gleiche Richtung. Die Kirche benötigt weitaus mehr als ein Upgrade, das lediglich die äußere Form betrifft. Was wir brauchen, ist nicht weniger als eine Wiederentdeckung der christlichen DNA, wie sie in der Bibel zum Ausdruck gebracht wird. Und dies gilt ausdrücklich sowohl für konservative als auch progressive Gruppen.

Einführung in die theologischen Trilogien

Es versteht sich von selbst, dass ein solches Unternehmen weit über das hinausgeht, was in einem relativ kleinen Buch wie diesem behandelt werden kann. Aus diesem Grund habe ich begonnen, an drei Buchtrilogien mit jeweils knapp 1.000 Seiten zu arbeiten, in denen ich alle relevanten Themen sorgfältig im Kontext untersuchen werde:

- Erstens die *Energie-Trilogie*: Diese drei Bücher zeigen eine ganze Dimension der biblischen Lehre, die dem Westen praktisch unbekannt geblieben ist – das Konzept der Energie Gottes. Da das westliche Christentum diesen Teil seines eigenen Erbes in der Vergangenheit fast vollständig ignoriert hat, ist es nur normal, wenn es anfänglich zu Protest und Widerstand kommen sollte. Menschen, die nicht in der Tradition des westlichen Christentums groß geworden sind, sind indessen mit etlichen Aspekten dieser Lehre bereits vertraut. Ich erwarte, dass diese biblische Wiederentdeckung zum Ausgangspunkt für viele praktische Reformen unter Christen führen wird, und unter Nichtchristen zu einer Neubewertung des christlichen Glaubens.
- Zweitens die *Bonhoeffer-Trilogie*: Obwohl das Buch, das Sie in Händen halten, häufig auf die Schriften von Dietrich Bonhoeffer verweist, ist es nicht der geeignete Ort, um Bonhoeffers Theologie darzustellen. Die Bonhoeffer-Trilogie dagegen bietet eine umfassende Einführung in zwölf Themen, die sich als rote Fäden sowohl durch Bonhoeffers Leben als auch durch seine Theologie ziehen – und die geradezu als Reformprogramm für die Kirche von heute gesehen werden können. Diese Trilogie wird Bonhoeffer als eine der bedeutendsten prophetischen Stimmen für unsere Zeit darstellen und Konzepte nennen, die Christen und Nichtchristen gleichermaßen helfen, den Weg in die Zukunft zu meistern.
- Drittens die *Glaubens-Trilogie*: Mein Plan ist es, die Serie damit abzuschließen, dass ich ihre Hauptthemen zu einer Vision zusammenfasse, die deutlich macht, was es bedeutet, von Gottes Wirklichkeit durchdrungen zu werden. Ich gehe davon aus, dass die Mehrheit der Leser die in der Glaubens-Trilogie vorgestellten Thesen – verglichen mit dem, was sie in der Vergangenheit kennengelernt bzw. erlebt haben – als eine neue Sicht des christlichen Glauben empfinden wird.

Diese Trilogien sind als theologische Lehrbücher konzipiert, die sich nicht nur auf die biblischen Quellen und auf theologische Studien beziehen, sondern auch auf Erkenntnisse aus Naturwissenschaft, Psychologie, Philosophie, Soziologie, Sprachwissenschaft und Kirchengeschichte. Es liegt in der Natur dieser Kategorie von Büchern, dass viele Nutzanwendungen für den Leser erst *nach* dem Lesen der gesamten Trilogie in ihrer vollen Tragweite deutlich werden. Aus diesem Grund habe ich mich entschieden, dieses Einführungsbuch zu schreiben, das eine erste Orientierung gibt, worum es in den drei Trilogien geht. Dieser einleitende Charakter erklärt, warum ich darauf verzichtet habe, Fußnoten zu verwenden, die dokumentieren, welche Quellen mein Denken beeinflusst haben, mit der einzigen Ausnahme von direkten Zitaten. Alle weitergehenden Referenzen sind in den drei Trilogien enthalten. In diesem Buch geht es primär um die „Nettoergebnisse", nicht so sehr um die verschiedenen Faktoren, die zu diesen Ergebnissen geführt haben.

In jedem Kapitel habe ich, in großen blauen Lettern prominent platziert, ein Zitat eingefügt, das auf das Problem hinweist, das im jeweiligen Kapitel behandelt wird. Jedes dieser Zitate stammt aus Gesprächen mit spirituell aufgeschlossenen Nichtchristen, mit denen ich mich in den letzten Jahren auseinandergesetzt habe – Menschen, die sich für den christlichen Glauben interessieren, sich aber nicht auf die Formen von Kirche oder Spiritualität einlassen wollen, denen sie in der Vergangenheit begegnet sind.

Kai Scheunemann hat nicht nur die Idee zu diesem Buch geboren, sondern hat sich auch als kreativer Mitdenker und Mitentwickler erwiesen. Er ist heute einer der kompetentesten Kommunikatoren der Konzepte und Prinzipien, die diesem Buch zugrunde liegen. Danke, Kai!

Warum die vielleicht etwas arg salopp erscheinende Rede vom „unkaputtbaren Gott" im Titel dieses Buches? Ich hätte auch völlig unanstößig davon reden können, dass Gott „ewig" sei, dass er „mehr" sei, dass er den Weg in die „Zukunft" weise – alles Aussagen, die sowohl ein weiteres als auch ein tieferes Bedeutungsspektrum haben als die in Alltagssprache formulierte „Unkaputtbarkeit". Aber es bestünde die Gefahr, dass wir diese wohlvertrauten Begriffe hören, ohne den in ihnen schlummernden provokativen Charakter überhaupt wahrzunehmen. Vielleicht vermag die ungewohnte Redeweise von Gottes „Unkaputtbarkeit", die durchaus etwas mit „Ewigkeit", mit Gottes „Mehr" und mit „Zukunft" zu tun hat, diese Provokation (von *pro-vocare*: hervorrufen) besser zu erzielen als konventionelle Redewendungen. Mit der „Unkaputtbarkeit" leuchtet etwas Ewiges hinter dem erlebten Fragmentarischen auf. Um beides soll es in diesem Buch gehen – um die bisweilen so unverbunden und sinnlos erscheinenden Fragmente, denen wir in unserer Zeit begegnen, und um die zeitlose Wahrheit, die hinter den Fragmenten, wenn auch vielleicht zu Beginn noch etwas unscharf, ein größeres und überaus kunstvoll komponiertes Ganzes erkennen lässt.

Die Zeit der Veränderung hat begonnen! Wer will, dass das Christentum bleibt, wie es ist, der will nicht, dass es bleibt. *C.A.S.*

Dieses Buch enthält eine Reihe neuer Erkenntnisse, die wir aus unseren Forschungen gewonnen haben. Diejenigen, die sich für die wissenschaftlichen Hintergründe der Forschung interessieren, finden weitere Informationen unter: www.ncd-international.org/research

Kapitel 1:
Den epochalen Wandel begreifen

***These 1:** Während viele Menschen spüren, dass traditionelle Formen des kirchlichen Lebens in unzähligen Fällen nicht mehr funktionieren, wird nur selten zur Kenntnis genommen, dass auch nicht-traditionelle Formen, die noch bis vor wenigen Jahren als hoffnungsvolle Alternativen im Brennpunkt standen, deutlich an Relevanz verloren haben. Der gegenwärtige Wandel im kirchlichen Beteiligungsverhalten ist ein Aufruf zu Reformen weit über Programm- und Strukturfragen hinaus.*

Ob Sie ein aktives Kirchenmitglied sind oder sich eher zu den distanzierteren Beobachtern von Religion zählen mögen, es ist ziemlich wahrscheinlich, dass sich die Art und Weise, wie Ihren geistlichen Bedürfnissen begegnet werden sollte, in den letzten Jahren deutlich verändert hat. Während die Bedürfnisse die gleichen geblieben sein mögen, sucht die Mehrheit der Menschen heute andere Arten der Beschäftigung mit dem christlichen Glauben, als es noch bis vor wenigen Jahren der Fall war.

Es gibt zahlreiche Studien über Kirchenmitgliedschaft und Gottesdienstbesuch. Meines Wissens hat jedoch keine dieser Studien jemals den vielleicht wichtigsten Faktor einbezogen – eine Bewertung der Qualität der örtlichen Gemeinde.

Auf der Suche nach Gemeinden mit hoher Qualität

Wenn Sie selbst kein Christ sein sollten, warum sollte dieses Thema für Sie von Interesse sein? Kurz gesagt, in Gemeinden mit hoher Qualität werden Sie höchstwahrscheinlich genau die Ausdrucksformen des christlichen Glaubens finden, nach denen sich die meisten Menschen sehnen. Man begegnet dort Leitern, die die Menschen wirklich bevollmächtigen und ihre Energie in deren persönliche Entwicklung investieren; Christen, die entsprechend ihrer gottgegebenen Gaben tätig sind und Anderen helfen, ebenfalls ihr gottgegebenes Potenzial freizusetzen; eine geistliche Atmosphäre,

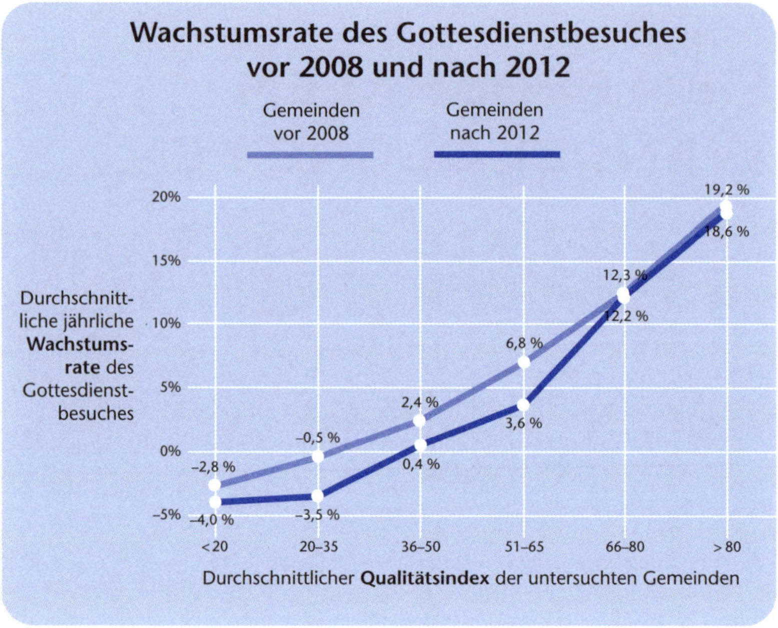

Dieses Diagramm verdeutlicht die durchschnittliche Wachstumsrate (y-Achse) von Gemeinden, die unterschiedliche Gesundheitsgrade aufweisen (x-Achse). Vergleicht man die Profile aller vor 2008 untersuchten Gemeinden mit den nach 2012 untersuchten, so wird deutlich, dass in diesem Zeitraum eine dramatische kontextuelle Veränderung stattgefunden hat. Während Gemeinden mit niedriger bzw. durchschnittlicher Qualität (Werte zwischen 20 und 65) im Blick auf Wachstum stark gelitten haben, erleben Gemeinden mit hoher bzw. sehr hoher Qualität (Werte von 66 und höher) weiterhin die gleichen quantitativen Ergebnisse, die sie auch vor 2008 erzielten.

die von authentischer Leidenschaft geprägt ist; Strukturen, die nicht als Selbstzweck dienen, sondern den Bedürfnissen der Menschen Rechnung tragen; gottesdienstliche Versammlungen, die die Teilnehmer inspirieren und auf diese Weise tief in den Alltag hinein wirken; Kleingruppen, die die Köpfe, Hände und Herzen ihrer Mitglieder berühren; Aktivitäten, die sich auf Menschen außerhalb der Kirche konzentrieren und ihnen dort Unterstützung zuteil werden lassen, wo ihre Not am größten ist. Und nicht zuletzt Christen, die an bedingungslose Liebe glauben und diese auch leben[1].

Eine empirische Evaluierung gemeindlicher Qualität bzw. Gesundheit (beiden Begriffe können austauschbar verwendet werden) steht im Zentrum der natürlichen Gemeindeentwicklung (*Natural Church Development*

– *NCD*). Wir vergleichen nicht nur Gemeinden, die verschiedene Kategorien repräsentieren, wie z.B.:

- *Kultur* (z.B. deutsche Gemeinden im Vergleich zu indonesischen Gemeinden),
- *Denomination* (z.B. Baptisten im Vergleich zu Katholiken), oder
- *Gemeindegröße* (z.B. Megagemeinden im Vergleich zu Hauskirchen).

Vielmehr unterscheiden wir in jeder dieser und unzähliger anderer Kategorien verschiedene Qualitätsstufen. Infolgedessen können wir z.B. deutsche Gemeinden mit hoher Qualität mit indonesischen Gemeinden der gleichen Qualitätsstufe vergleichen, Pfingstkirchen mit niedriger Qualität mit lutherischen Gemeinden der gleichen Qualitätsstufe, oder auch Megagemeinden mit geringer Qualität mit Hauskirchen, die von hoher Qualität gekennzeichnet sind etc.

Diese Differenzierungen sind unerlässlich, um voreilige und irreführende Interpretationen zu vermeiden, die bloße Klischees verstärken, anstatt die Augen für empirisch verifizierbare Fakten zu öffnen. Beispiele für derartige Klischees sind:

- Deutsche Gemeinden sind schlecht, und indonesische Gemeinden sind gut (oder umgekehrt).
- Pfingstler sind gut, und Lutheraner sind schlecht (oder umgekehrt).
- Megagemeinden sind gut, und Hauskirchen sind schlecht (oder umgekehrt).

Tatsache ist, dass es in jeder dieser Kategorien sowohl Gemeinden mit hoher als auch mit niedriger Qualität gibt – und natürlich alles dazwischen. Während Charakteristika wie Kultur, Denomination oder Gemeindegröße natürlich interessante Faktoren sind, ist der Qualitätsindex einer Gemeinde – sowohl spirituell als auch strategisch – die bei weitem wichtigste Informationsquelle.

„Sind Christen nicht eher eine aussterbende Spezies?"

Die Kernaussage unserer jüngsten Forschung ist in der Abbildung auf der linken Seite zusammengefasst. In dieser Grafik werden Gemeinden, die wir vor 2008 untersucht haben (hellblaue Linie), mit solchen verglichen, die nach 2012 untersucht wurden (dunkelblaue Linie)[2]. In beiden Fällen haben wir das prozentuale Wachstum des Gottesdienstbesuches pro Jahr (y-Achse) mit der vom NCD-Gemeindeprofil gemessenen durchschnittlichen Qualität in Beziehung gesetzt.

Dabei fallen zwei Beobachtungen unmittelbar ins Auge:

- Es besteht eine Korrelation zwischen der messbaren Qualität einer Gemeinde (x-Achse) und ihrem zahlenmäßigen Wachstum bzw. Schrumpfen (y-Achse). Je höher die Qualität, desto besser die durchschnittliche Wachstumsrate.
- Die dunkelblaue Linie (Gemeinden, die nach 2012 untersucht wurden) ist niedriger als die hellblaue Linie (Gemeinden, die vor 2008 untersucht wurden). Das gleiche Qualitätsniveau, das vor 2008 bestimmte quantitative Ergebnisse hervorgebracht hat, wirkt sich zwar auch weiterhin quantitativ positiv aus, jedoch auf sichtbar niedrigerem Niveau.

Die Hintergründe verstehen

Es lohnt sich, das Diagramm genauer zu studieren. Der Vergleich der beiden Kurven ermöglicht eine Reihe von hoch relevanten Einblicken.

1. Die Studie bestätigt, dass Arbeit an der gemeindlichen Qualität der sinnvollste Beitrag zu nachhaltiger Steigerung des Gottesdienstbesuchs ist.

Die zentrale Botschaft des Diagramms ist eine Bestätigung unserer ursprünglichen internationalen Studie vor gut zwanzig Jahren: Die messbare Gesundheit der Gemeinde (was wir intern als „Qualitätsindex" bezeichnen) steht in positiver Korrelation zum Gottesdienstbesuch. Ob wir uns die Kurve der vor 2008 untersuchten Gemeinden (hellblau) oder die der nach 2012 untersuchten Gemeinden (dunkelblau) anschauen, in beiden Fällen lässt sich auf den ersten Blick erkennen, dass mit wachsender Qualität im Durchschnitt auch der Gottesdienstbesuch steigt. Der Gottesdienstbesuch von Gemeinden, die heute einen Qualitätsindex von 20 oder weniger haben, schrumpft im Durchschnitt um 4 Prozent pro Jahr, während der von Gemeinden, die einen Qualitätsindex von 80 oder mehr haben, jährlich um 18,6 Prozent steigt. Beides sind natürlich Extremwerte. Viel häufiger sind Gemeinden im mittleren Qualitätsbereich (Qualitätsindex von 36–65). Und auch hier zeigt sich sehr deutlich der positive Zusammenhang von gemeindlicher Qualität und zahlenmäßigem Wachstum.

2. Die Studie offenbart die Auswirkungen einer globalen Veränderung des Beteiligungsverhaltens.

In den letzten Jahren hat sich das Beteiligungsverhalten weltweit verändert. Wie manifestiert sich dieser Wandel? Nachfolgend einige Beispiele aus Gemeinden, mit denen ich persönlich zu tun hatte:

- Menschen, die vor acht Jahren statistisch gesehen fünfmal pro Monat einen Gottesdienst besuchten (alle vier „normalen" Gottesdienste und einen Sondergottesdienst, also die „Super-Engagierten"), besuchen jetzt vielleicht dreimal pro Monat den Gottesdienst.
- Einige Mitglieder, die dreimal pro Monat kamen, kommen jetzt vielleicht 1,5 mal.
- Andere, die einmal im Monat den Gottesdienst besucht haben, kommen nun alle sechs Wochen.

Diese Menschen haben keinen Streit mit dem Pastor. Es gibt keine Konflikte über theologische Fragen. Diese Menschen glauben an Gott, und sie mögen ihre Gemeinde. Sie sind bereit, in die Zukunft zu investieren. Was sich verändert hat, ist schlicht ihr Beteiligungsverhalten. Dieses veränderte Verhalten allein resultiert in einigen Fällen in bis zu 40 Prozent geringerem Gottesdienstbesuch, eine Tatsache, die in vielen Fällen durch Wachstum in anderen Bereichen wettgemacht wird, so dass die tatsächlichen Nettozahlen weniger dramatisch ausfallen mögen.

Man muss durchaus kein Prophet sein, um zu sagen, dass sich diese Entwicklung in den nächsten Jahren nicht nur fortsetzen, sondern beschleunigen und in vielen Bereichen sogar exponentiell beschleunigen wird. Die vorliegenden Daten sind nur Vorläufer dessen, was in den kommenden Jahren auf uns zukommt.

3. Die Veränderung hat dramatische Auswirkungen auf Gemeinden mit geringer und mittlerer Qualität.

Auf dieser Grundlage ist es nun sinnvoll, uns der „dunkelblauen Kurve" zuzuwenden, die das Wachstumsverhalten der nach 2012 untersuchten Gemeinden darstellt. Es fällt auf, dass im unteren und mittleren Qualitätsbereich (also bis hin zum Qualitätsindex 60) die Veränderung im Beteiligungsverhalten sehr stark durchschlägt. Wenn wir – in diesem Bereich – das jährliche Wachstum, das heute erlebt wird, mit Gemeinden gleicher Qualität vergleichen, die vor 2008 untersucht wurden, dann sehen wir, dass es um etwa zwei Prozent pro Jahr zurückgegangen ist. Das bedeutet, dass eine Gemeinde mit 100 Besuchern, die vor 2008 um vier Prozent pro Jahr gewachsen ist (also vier Personen pro Jahr), jetzt um zwei Prozent pro Jahr wächst (also zwei Personen pro Jahr), und dass eine Gemeinde, die zwei Prozent pro Jahr gewachsen ist (zwei Menschen pro Jahr), jetzt stagniert. Da sich diese Dynamik jedes Jahr wiederholt, multiplizieren sich die Ergebnisse im Laufe der Zeit ganz erheblich.

Diese Zahlen setzen natürlich eine gleichbleibende Qualität der Gemeinden vor 2008 und nach 2012 voraus. Sollte die Qualität der Gemeinden zwischenzeitlich gesunken sein – auch dafür gibt es zahlreiche Beispiele –, dann sind die Auswirkungen auf das Wachstumsmuster natürlich sehr viel dramatischer. Allerdings können wir unter den von uns untersuchten Gemeinden keine allgemeine Tendenz feststellen, die darauf hindeutet, dass die gemeindliche Qualität generell zurückginge. Ganz im Gegenteil: In den von uns untersuchten Gemeinden, die ja per Definition mit den Ressourcen der natürlichen Gemeindeentwicklung arbeiten, lässt sich aufs Ganze gesehen eine deutliche Steigerung gemeindlicher Qualität feststellen.

4. Bei hoher gemeindlicher Qualität hat das veränderte Beteiligungsverhalten keinen nennenswerten Einfluss.

Schauen Sie sich das Wachstumsverhalten von Gemeinden mit einer Qualität von 66 oder mehr an (die beiden Qualitätsstufen rechts im Diagramm). Die dem veränderten Beteiligungsverhalten zugrunde liegenden Faktoren haben in diesen Fällen so gut wie keinen negativen Einfluss auf den Gottesdienstbesuch. Trotz dramatisch gewandeltem Kontext erreichen Gemeinden auf dieser Qualitätsstufe genau so viele Menschen, wie es für Gemeinden gleicher Qualität vor 2008 gegolten hat.

Diese Erkenntnisse bedeuten keineswegs, dass eine Gemeinde den – recht hohen – Qualitätsindex von 66 oder mehr erreichen muss, um zahlenmäßig zu wachsen. Auch Gemeinden mit einem durchschnittlichen Qualitätsindex (zwischen 36 und 65) erleben Wachstum. Allerdings werden sie in Zukunft noch sehr viel stärker mit den Auswirkungen des globalen Wandels zu kämpfen haben.

5. Liturgische und sakramentale Kirchen sind von den genannten Veränderungen weniger stark betroffen als Gemeinden, die sich für einen „zeitgenössischen Stil“ entschieden haben.

Manche Leser mag es überraschen, dass das veränderte Beteiligungsverhalten einen wesentlich stärkeren Einfluss auf solche Gemeinden hat, die sich einem „zeitgemäßen Gottesdienststil“ verschrieben haben (in der Regel von moderner Musik und kreativen bzw. unterhaltsamen Elementen sowie Raum für informelle Ausdrucksformen geprägt), als auf Gemeinden mit liturgischen bzw. sakramentalen Gottesdienststilen. Diese Aussage bedeutet nicht, dass traditionelle Gemeinden „besser“ seien. Empirisch gesehen gibt es keinerlei Hinweise auf eine solche Annahme. Das genannte Phänomen lässt sich vielmehr dadurch erklären, dass Gottesdienste in „zeitgemäßem“

Stil viele Elemente beinhalten, für die es außerhalb der kirchlichen Landschaft einen enormen Wettbewerb gibt. Da moderne Kommunikationstechnologie die Menschen daran gewöhnt hat, ständig zu vergleichen (und Angebote, die den eigenen Erwartungen nicht unmittelbar entsprechen, „wegzuklicken"), werden kirchliche Aktivitäten zwangsläufig mit den Angeboten anderer Anbieter verglichen – und das Ergebnis dieses Vergleichs ist oftmals der, dass der Gottesdienst schlicht „weggeklickt" wird.

Angesichts dieser Tatsachen sind liturgische und sakramentale Kirchen in einer durchaus privilegierten Position. Außerhalb des kirchlichen Bereichs gibt es keinen starken Wettbewerb um die Art von Erfahrung, die sie vermitteln. Natürlich erreichen sie nur ein begrenztes Zielpublikum (in erster Linie diejenigen, deren eigene geistliche Stile dem angebotenen Gottesdienststil entsprechen). Innerhalb dieser Zielgruppe allerdings gibt es keine nennenswerte Konkurrenz.

Die richtigen Konsequenzen ziehen

Der Zweck aller zwölf Kapitel dieses Buches ist es, praktische Konsequenzen aus den dargestellten Entwicklungen zu ziehen. Die Welt hat sich in den letzten Jahren dramatisch verändert – und es reicht nicht, diesen Veränderungen allein dadurch Rechnung zu tragen, dass wir uns lediglich mit äußeren Erscheinungsformen von Kirche beschäftigen (z.B. Gottesdienstzeiten, Musikstilen, Marketingstrategien) bzw. damit, als wie „zeitgemäß" oder „cool" unsere jeweiligen Angebote in den Augen der Menschen erscheinen.

Eine Analyse der Kirchengeschichte offenbart, dass in der langen Phase des Christentums 2.0 (die Zeit zwischen der frühen Kirche und heute) einige schon früh angelegte Defizite sich im Laufe der Zeit zunehmend verstärkt haben. Nur ein Teil der DNA des Christentums wurde auch tatsächlich weitergegeben. Wesentliche Teile des ursprünglichen biblischen Erbes warten noch darauf, entdeckt zu werden. Aus kontextuellen Gründen konnten etliche dieser Defizite des Christentums 2.0 über Jahrhunderte hinweg nahezu unbemerkt bleiben. Heute jedoch, inmitten eines sich rasant verändernden Kontexts an der Schwelle zum Christentum 3.0, treten die Auswirkungen dieser Vernachlässigung mit eruptiver Kraft zutage.

Bevor wir einige der notwendigen Veränderungen in den Blick nehmen, lohnt es sich, noch einmal auf die drei Hauptanliegen Dietrich Bonhoeffers zurückzukommen, die im Einführungskapitel erwähnt wurden: „Gott als jenseitig mitten in unserem Leben", „eine mündig gewordene Welt" und „Kirche für Andere". Jeder dieser drei Punkte hat mit der Situation der heutigen Kirche zu tun, und alle drei haben viel mit den geistlichen Bedürfnisse derjenigen zu tun, die sich dem Christentum entfremdet haben, da sie es bislang ausschließlich in seiner „amputierten" Form kennenlernen konnten.

1. Gott als jenseitig mitten in unserem Leben

Viele Faktoren tragen dazu bei, inwieweit Christentum innerhalb einer bestimmten Generation als relevant empfunden wird. Der Schlüssel zur Relevanz liegt allerdings immer darin, inmitten des eigenen Lebens der Transzendenz Gottes zu begegnen. Die Kirche kann versuchen, auch auf unzählige andere Weise relevant zu sein – und in vielen Fällen ist das auch bitter nötig –, aber sobald sie aufhört, den Menschen dabei zu helfen, den transzendenten Gott als jemanden kennenzulernen, dem sie in ihrem Alltag begegnen können, hat sie den Kern dessen verfehlt, worum es bei „Relevanz" in einem religiösen Kontext geht. Nie zuvor haben die Kirchen sich so engagiert wie heute darum bemüht, relevant zu sein. Aber haben sie sich auch genügend darum gekümmert, den Menschen zu helfen, die transformierende Kraft der Gegenwart Gottes inmitten der Herausforderungen ihres Alltags zu erfahren?

Gott ist transzendent, aber wir können diese Transzendenz nur im Hier und Jetzt erleben. Gott ist ewig, aber wir können nur innerhalb der Grenzen der Zeit einen Vorgeschmack auf die Ewigkeit bekommen. Gott ist unermesslich, aber wir können das nur in räumlichen Kategorien erfahren. Wir sind darauf angewiesen, Gottes Gegenwart und Aktivität innerhalb des natürlichen Bereichs zu erleben, nicht jenseits davon.

Es mag viele verschiedene Gründe geben, die Menschen dazu veranlassen, den christlichen Glauben aufzugeben. Der Hauptgrund ist jedoch die Tatsache, dass sie Gott inmitten ihres Lebens und auch inmitten von Gemeinden nicht zu erkennen vermögen. Deshalb ist für sie Gott schlicht nicht „existent". Es ist weniger ein philosophisch-metaphysisches als ein persönlich-existenzielles Problem.

2. Eine mündig gewordene Welt

Die christliche Wahrheit und das christliche Leben wurden im Laufe der Jahrhunderte in einer ganz spezifischen religiösen „Verpackung" weitergegeben. Diese Verpackung mag in früheren Generationen angemessen gewesen sein, aber viele Elemente davon sind heute nicht mehr hilfreich. Dietrich Bonhoeffer war der Überzeugung, dass diese Elemente durch neue Weisen ersetzt werden müssen, über Gott zu reden und Menschen zu helfen, der Transzendenz Gottes inmitten ihres Alltags zu begegnen.

In einem Brief an seinen Freund Eberhard Bethge schrieb Bonhoeffer: „Ich spüre, wie in mir der Widerstand gegen alles ‚Religiöse' wächst. Oft bis zu einem instinktiven Abscheu – was sicher auch nicht gut ist. Ich bin keine religiöse Natur. Aber an Gott, an Christus muss ich immerfort denken, an Echtheit, an Leben, an Freiheit und Barmherzigkeit liegt mir sehr viel. Nur sind mir die religiösen Einkleidungen so unbehaglich"[3]. Bonhoeffers Erfahrung war, dass viele der Menschen, mit denen er verbunden war – zum Beispiel innerhalb des Anti-Hitler-Widerstands oder unter seinen Mitgefangenen – ganz ähnliche Gefühle hatten.

Bonhoeffer konnte wütend reagieren, wenn er spürte, dass erwachsene Menschen wie Kinder behandelt wurden. Da er an die Mündigkeit der Menschen glaubte, behandelte er sie wie Erwachsene – und half ihnen auf diese Weise, sich auch wie Erwachsene zu verhalten. Es mag Menschen geben, die es genießen, als unreife Kinder behandelt zu werden, die einem paternalistischen Anführer folgen bzw. die einen paternalistischen Anführer krönen, der ihnen ihre geistliche Verantwortung abnimmt. Aber ihre Zahl sinkt, trotz mancher gegenläufiger Tendenzen. Wir sollten diese Entwicklung gewiss nicht als Zeichen des Verfalls interpretieren.

3. Kirche für Andere

Bonhoeffer war beunruhigt darüber, dass Christen unsichtbare, aber gleichwohl hoch wirksame Mauern zwischen sich und den Menschen errichten, die nach Gott suchen, ohne selbst Christen zu sein. Er kritisierte den Versuch, Grenzen um die Kirche zu ziehen, als „gesetzlich"[4]. In einem großen Teil seiner Schriften hallen die Worte des Apostels Paulus nach: „Die Beschneidung ist nichts, und die Unbeschnittenheit ist nichts" (1. Korinther 7,19). Bildlich gesprochen: Bonhoeffer wollte den Menschen helfen, Christus zu erfahren, ohne zuvor „Jude" werden zu müssen. Die große Frage seines Lebens war: „Wie kann Christus der Herr auch der Religionslosen werden?"[5]

Auf den ersten Blick mögen unsere am Anfang dieses Kapitels genannten Forschungsergebnisse über den Wandel im weltweiten Beteiligungsverhaltens rein empirischer Natur sein. Die Kirche ist eine soziologische Größe und damit Teil der Welt. Ihr Wesen kann jedoch nur dann angemessen erfasst werden, wenn wir es gleichzeitig auch theologisch interpretieren. Aus diesem Grund müssen praktische Reformen die theologische mit der empirischen Ebene verbinden, was letztlich nichts Anderes ist als zu sagen, sie müssen die Ewigkeit mit dem Zeitlichen verbinden oder den Himmel mit der Erde.

Wenn wir diese theologischen Aussagen in praktische Reformschritte umsetzen, tragen wir zu einer Form von Kirche bei, in der Christen einen Ort finden, an dem sie ständig herausgefordert und zu kontinuierlichem Wachstum bevollmächtigt werden, und in der gleichzeitig den tiefsten Bedürfnissen unzähliger Nichtchristen begegnet wird.

Deshalb möchte ich insbesondere diejenigen Leser, die ihr christliches Erbe hinter sich gelassen oder es noch nie als relevant empfunden haben, dazu einladen, sich an den notwendigen Veränderungsprozessen zu beteiligen. Viele der Dinge, die diese Leser in christlichen Kirchen kritisch betrachten, bringen genau das auf den Punkt, was tatsächlich kritisch angesprochen werden muss. Oft geht es gar nicht so sehr darum, *was* verändert werden muss, sondern wie eine überzeugende Alternative aussehen sollte.

Eine vertiefte Auseinandersetzung mit diesen Fragen finden Sie in Band 3 der Energie-Trilogie und in Band 2 der Bonhoeffer-Trilogie.

Die folgenden Kapitel dieses Buches geben einige praktische Beispiele dafür, wie die Kirche der Zukunft aussehen könnte, und erste Hinweise, auf welchen Wegen wir dorthin gelangen könnten. Die dargestellten Inhalte beruhen weder auf vagen Hoffnungen noch sind sie von überzogenen Visionen geleitet. Vielmehr basieren sie auf Erkenntnissen, die wir durch unsere Forschung und Beratungsarbeit in Tausenden Gemeinden auf der ganzen Welt gewonnen haben.

Kapitel 2: Führung neu definieren

***These 2:** Die meisten Gemeinden versuchen, den Herausforderungen von heute mit Führungskonzepten von gestern zu begegnen. Es wird weithin übersehen, dass Skandale mit geistlichem, emotionalem und körperlichem Missbrauch ihre tiefste Wurzel in einem Klima haben, das die Freiheit der Menschen beschneidet, ihre persönliche Verantwortung aushöhlt und die eigene Mündigkeit untergräbt.*

Wenn das Thema Führung zur Sprache kommt, werde ich regelmäßig mit Klischeevorstellungen konfrontiert, was es angeblich bedeutet, ein „starker Leiter" zu sein. Starke Leiter sind:

- dominant (bisweilen sogar bis hin zu regelrechten Machotendenzen);
- in der Regel männlich (die „Margaret Thatcher"-Variante kann als eine Ausnahme – oder ist es eine Bestätigung? – gelten);
- erfolgreiche Verkäufer (wobei Marketing mit Führung gleichgesetzt wird);
- geprägt von „Sekundärtugenden", d.h. Verhaltensweisen, die bei Anderen einen guten Eindruck hinterlassen sollen (während sie weniger von „Primärtugenden", d.h. charakterbezogenen Merkmalen, gekennzeichnet sind);
- fast immer wohlhabend (einige bringen es sogar rundheraus auf die Formel „Führung gleich Reichtum").

Die Wahrheit ist, dass selbst dann, wenn alle diese Merkmale in einer bestimmten Person zusammenkommen sollten (z.B. in einem dominanten Geschäftsmann, der bewährte Marketingtechniken einsetzt, um Millionen zu verdienen und eine Menge von Bewunderern an sich zu binden), es immer noch nicht den geringsten Hinweis darauf gibt, dass diese Person als „starker Leiter" eingestuft werden sollte. Die genannten Merkmale sind nicht unbedingt falsch; sie sind allerdings keine Merkmale von Führung und schon gar nicht von „starker" Führung.

Auf der Grundlage jahrelanger Forschung hat unser Team ein Instrument entwickelt, das die Gesamtstärke der Führungsfähigkeit einer Person präzise wiedergibt und gleichzeitig Schwachstellen ausfindig macht. Es misst zwei Pole der Führung, den *voranschreitenden* Pol und den *unterstützenden* Pol, und die höchsten Werte werden erzielt, wenn beide Pole sowohl stark als auch gleichmäßig entwickelt sind. Wir nennen dieses Instrument den *Empowerment-Test*[1].

Das Klischee des „starken Leiters"

Interessanterweise erzielen angeblich „starke Leiter", die den Test machen, auffallend häufig relativ niedrige Werte. Wann immer ich dieses Phänomen im Kreis von Kollegen oder Führungsexperten diskutiert habe, erhielt ich Reaktionen wie diese: „Es überrascht keineswegs, dass XYZ beim Empowerment-Test keine hohen Werte erzielt hat. Er ist bekannt dafür, ein unglaublich *starker* Leiter zu sein...." Wird hier also „stark" mit nicht-bevollmächtigend gleichgesetzt? Das wäre ein seltsames, ja sogar zutiefst beunruhigendes Führungskonzept.

In den letzten Jahren wurde die Öffentlichkeit durch eine endlose Reihe von Skandalen unter Kirchenführern erschüttert, bei denen geistlicher, emotionaler und körperlicher Missbrauch ans Tageslicht kam. Einige Berichte über diese Fälle erwecken dabei den Eindruck, als ginge es in erster Linie um sexuelle Probleme, ohne ausreichend zu berücksichtigen, dass die sexuellen Übergriffe fast immer in Kontexten stattfinden, die durch ein klar erkennbares Muster gekennzeichnet sind: ein Leiter, dem es nicht gelingt – oder dem es überhaupt kein Anliegen ist –, die eigene Macht darauf zu konzentrieren, andere Menschen zu bevollmächtigen. Möchte ich damit ernstlich nahelegen, dass die Kunst der Bevollmächtigung ein Mittel gegen emotionalen, geistlichen und körperlichen Missbrauch sei? Genau so ist es. Mir ist keine Strategie bekannt, die effektiver wäre. Die Bevollmächtigung von Menschen (bzw. die fehlende Bevollmächtigung) steht in unmittelbarem Zusammenhang mit dem Problem des Missbrauchs.

In der natürlichen Gemeindeentwicklung verwenden wir den Begriff „bevollmächtigende Leitung", um Werte, Ziele und Methoden von gesunder Führung zu beschreiben. Da die dazu gehörenden Materialien in mehr als vierzig Sprachen übersetzt worden sind, hatte ich die einzigartige Möglichkeit zu beobachten, wie die Übersetzer versuchten, das Konzept der Bevollmächtigung (*empowerment*) in ihren jeweiligen Sprachen auszudrücken. Mehr als 50 Prozent schlugen für den Begriff „bevollmächtigende Leitung" ursprünglich entweder eine unklare oder völlig irreführende Übersetzung vor. Die beiden häufigsten Formulierungen waren entweder „bevollmächtigte Leitung" oder „starke Leitung". Offensichtlich ist das mit diesen Worten verbundene Konzept von Führung derartig weit verbreitet, dass sich die Übersetzer nicht einmal vorstellen konnten, dass wir etwas gänzlich Anderes kommunizieren wollten.

Es ist gewiss nicht falsch, ein bevollmächtigter oder starker Leiter zu sein. Ein großer Teil meiner persönlichen Arbeit besteht darin, Leitern zu helfen, bevollmächtigt zu werden, um auf diese Weise stärker zu werden. Die Frage ist dann allerdings, wie sie die gewonnene Stärke einsetzen. Benutzen sie sie in erster Linie für ihre eigenen Ambitionen – oder nutzen sie sie, um andere Menschen zu bevollmächtigen?

Wenn ich mit Gruppen arbeite, die sich um die Lösung der Probleme bemühen, die durch angeblich „starke Führung" entstanden sind, habe ich wiederholt eine Liste von neun Merkmalen eingesetzt (die ich als „Merkmale starker Leiter" präsentiere) und die Gruppen gebeten, darüber zu diskutieren, inwieweit jedes der genannten Merkmale auf ihre eigenen Leiter zutrifft:

- das Gefühl eigener Grandiosität und Bedeutung;
- die häufige Beschäftigung mit Phantasien von Erfolg, Macht oder Schönheit;
- die Überzeugung, etwas Besonderes zu sein und nur mit ebenbürtigen Menschen verkehren zu können;
- das Verlangen nach Beachtung und Bewunderung;
- der Anspruch, bevorzugt behandelt werden zu müssen;
- die Gestaltung von Beziehungen als Ausbeutungs- bzw. manipulatives Verhältnis;
- mangelnde Empathie;
- starke Neidgefühle oder die Einschätzung Anderer als neidisch;
- eine arrogante Haltung.

> ***„Nach all diesen Skandalen ist es mir unmöglich, christlichen Leitern noch zu vertrauen."***

Mehr als einmal haben die Teilnehmer meiner Workshops bestätigt, dass die Mehrheit dieser Eigenschaften in unterschiedlichem Maße auf ihre eigenen Leiter zutreffe. In Wirklichkeit entstammt meine Liste keineswegs einem Handbuch für Führungskräfte, sondern dem führenden Handbuch über psychische Störungen[2]. Es wurde von Ärzten und Psychologen als Instrument zur Diagnose eines Persönlichkeitsdefekts entwickelt, der als „Narzissmus" bezeichnet wird. Das Handbuch macht deutlich, dass dann, wenn fünf oder mehr dieser Merkmale auf einen Menschen zutreffen, die Wahrscheinlichkeit hoch ist, dass die betreffende Person an dieser Störung leidet.

Meine Absicht ist ganz gewiss nicht, den Eindruck zu erwecken, die Mehrheit kirchlicher Führungskräfte leide an Narzissmus. Das ist weit entfernt von jeder Wirklichkeit. Allerdings lassen sich bei einigen Leitern eindeutig narzisstische Tendenzen beobachten, und manchmal werden diese Tendenzen, anstatt sie als Problem bzw. Krankheit einzustufen, in Teilen der populären Führungsliteratur auch noch als „Geheimnis des Erfolgs" verkauft.

Die beiden Flügel gesunder Führung

Ist es für einen Leiter problematisch, eine starke Vision zu haben, klare Ziele zu setzen und mutige Schritte zu forcieren? Definitiv nicht. Wie in der Abbildung rechts zu sehen ist, sind all dies Merkmale gesunder Führung. Probleme treten allerdings dann auf, wenn diese Eigenschaften nicht mit den jeweiligen Komplementäreigenschaften in Balance gebracht werden: Freisetzung der Vision Anderer, konsequente Analyse des Ist-Zustandes, Unterstützung der Menschen bei ihrer kontinuierlichen Weiterentwicklung. Bevollmächtigende Leitung ist das Ergebnis der Balance zwischen voranschreitendem und unterstützendem Pol.

Die Mehrheit der Menschen ist es gewohnt, diese Fragen aus einer Entweder-Oder-Perspektive zu betrachten: entweder die Vision des Leiters oder die Visionen der Menschen, entweder hohe Ziele setzen oder sich mit den mühseligen gegenwärtigen Realitäten abmühen, entweder kühne Schritte forcieren oder Zeichen von inkrementellem Wachstum feiern etc. Wir würden enorme Fortschritte machen, wenn wir begriffen, was der dänische Quantenphysiker Niels Bohr in den drei lateinischen Worten *contraria sunt complementa* ausdrückte: Gegensätze ergänzen einander.

Diese Zusammenhänge lassen sich auf anschauliche Weise mit Hilfe des Bildes von zwei Flügeln veranschaulichen. Stellen Sie sich vor, dass jeder der beiden Pole eines bestimmten Führungsprinzips einen Flügel darstellt. „Vision entwerfen" wäre dann z.B. der linke Flügel, „Vision Anderer freisetzen" der rechte Flügel. Ein solches Verständnis hätte weitreichende Folgen:

- Erstens brauchen wir zwei Flügel zum Fliegen; das Vorhandensein eines einzigen Flügels, so wichtig der auch ist, bringt uns nicht zum Ziel.
- Zweitens ist es besser, zwei lange als zwei kurze Flügel zu haben.
- Drittens ist es besser, zwei kurze Flügel zu haben, statt einen langen und einen kurzen Flügel.

Jedes Führungsprinzip besteht aus zwei Polen, die auf den ersten Blick miteinander in Spannung zu stehen scheinen. Das Geheimnis bevollmächtigender Leitung besteht darin, diese Pole ins Gleichgewicht zu bringen. Das dargestellte Beispiel stellt die Ergebnisse eines aus dem Gleichgewicht geratenen Empowerment-Profils dar, d.h. der voranschreitende Flügel dominiert, während der unterstützende Flügel deutlich unterentwickelt ist.

Nehmen wir einmal an, der linke Flügel („Vision entwerfen") sei bereits beträchtlich lang, während der rechte Flügel („Vision Anderer freisetzen") relativ kurz ist. In diesem Fall wäre es am besten, wir würden den rechten Flügel verlängern, bis er die Länge des linken Flügels erreicht hat. Dagegen wäre es ausgesprochen kontraproduktiv, den linken Flügel noch weiter zu verlängern. Das würde nämlich das Ungleichgewicht und damit die Probleme nur vergrößern. Entsprechendes gilt für jedes einzelne der in der Grafik dargestellten Prinzipien. In einigen Fällen kann es sogar nötig sein, die Länge eines bestimmten Flügels für eine bestimmte Zeitspanne zu *verkürzen*, um Balance zu erreichen. Mit anderen Worten, hohe Werte im voranschreitenden Flügel sind nicht das Problem. Probleme treten jedoch immer dann auf, wenn die Punktzahl des unterstützenden Flügels deutlich dahinter zurück bleibt. Natürlich gilt diese Erkenntnis auch umgekehrt.

Der Empowerment-Test ermöglicht ein regelmäßiges Screening, um auf diese Weise sowohl die aktuellen Stärken als auch die Schwächen eines Leiters zu identifizieren. Dabei ist wichtig zu wissen, dass die Fragebögen nicht von den Leitern selbst ausgefüllt werden. Vielmehr werden die Fragen ausschließlich von denjenigen Menschen beantwortet, die unter ihrer Leitung stehen bzw. die sie zu bevollmächtigen versuchen. Die zugrunde liegende Prämisse ist, dass Führung nicht eine Eigenschaft ist, die ein Leiter selbst besitzt, sondern eine messbare Wirkung, die innerhalb der Menschen ans Tageslicht tritt, die geführt werden.

Nachdem wir dieses Instrument viele Jahre lang mit unzähligen Leitern eingesetzt haben, ist es ermutigend zu sehen, dass Veränderungen nicht nur möglich sind, sondern routinemäßig erlebt, ja sogar erwartet werden können. Tatsächlich gibt es kaum einen Bereich des kirchlichen Lebens, in dem wir derartig schnell Fortschritte erwarten können wie im Bereich von „bevollmächtigender Leitung". Es gibt dafür nur eine Voraussetzung: die Bereitschaft von Leitern, an sich selbst zu arbeiten. Wenn davon ausgegangen werden kann und der entsprechende Prozess in Bewegung gesetzt wird, können wir damit rechnen, dass die Qualität der Leitung innerhalb weniger Monate deutlich ansteigen wird.

In Coaching-Sitzungen auf Basis des Empowerment-Tests habe ich Folgendes beobachtet: Je höher die Werte einer Führungskraft sind, desto kritischer ist diese Person gegenüber sich selbst („In welchen Bereichen muss ich mich verbessern?"). Je niedriger die Werte, desto größer ist die Tendenz der Führungskraft, die eigenen eingespielten, aber unproduktiven Muster zu verteidigen. Um es etwas vereinfacht auszudrücken: „Gute" Leiter sehen klar die Bereiche, in denen sie wachsen müssen; „schlechte" Leiter sind überzeugt, dass sie wunderbar sind, wie sie gerade sind (oder haben schlicht Angst, der Wahrheit ins Auge zu schauen). Wie lässt sich dieses Phänomen erklären? „Gute" Leiter sind gut, gerade weil sie sich ständig die wachstumsstimulierende Frage stellen: „Was muss ich ändern bzw. verbessern?" Die anderen wachsen nicht, weil sie sich diese Frage nicht stellen. Eine selbstkritische Haltung an sich ist bereits ein Wachstumsfaktor par excellence.

Freiheit, Mündigkeit, Verantwortlichkeit

Gemeindliche Leiter müssen sich darauf konzentrieren, die Freiheit, Mündigkeit und Verantwortlichkeit der Menschen kontinuierlich zu stärken. Diese drei Werte stehen in direkter Beziehung zu geistlicher und psychischer Gesundheit. Sie können geradezu als Lackmustest dienen, um herauszufinden, ob eine bestimmte Gemeinde als „Sekte" eingestuft werden sollte. Wenn sich die Ausprägung dieser drei Werte im Laufe der Zeit kontinuierlich abschwächen sollte – und wenn es geradezu das Ziel einer Gruppen ist, dass dies geschieht, dann kann man ziemlich sicher sein, dass es sich um eine Sekte handelt. Unabhängig von den lehrmäßigen Bekenntnissen, die sie propagieren mag, sollte sie auch als solche bezeichnet werden.

Es gibt Zeiten in der Geschichte – zum Beispiel, wenn schnelle gesellschaftliche Veränderungen stattfinden –, in denen die drei genannten Werte eine weitaus schlechtere Konjunktur haben als zu anderen Zeiten. Die angeblich „starken Leiter", von denen zu Beginn dieses Kapitels die Rede war, vermitteln ihren Anhängern das Gefühl, dass sie den unbequemen Weg der Übernahme persönlicher Verantwortung nicht selbst gehen müssten. Viele Menschen sind bereit, ihre persönliche Freiheit willentlich beschneiden zu lassen, da der Weg zur Mündigkeit als beschwerlich empfunden wird. Diese Menschen akzeptieren, dass ein Teil von ihnen durch ein fremdes Objekt ersetzt wird – die Autorität ihres Leiters. Das ist für sie einfacher und weniger belastend, als selbst Verantwortung zu übernehmen. Und viele Führungskräfte sind nur allzu gern bereit, diesen Wunsch für ihre eigenen Zwecke zu instrumentalisieren.

Natürlich ist nicht jeder Mensch reif und handelt entsprechend verantwortungsbewusst. Das Bestreben christlicher Leiter sollte jedoch sein, den Grad der Reife und Verantwortung der Menschen kontinuierlich zu steigern. Wir sollten nicht vergessen, dass wir dadurch, dass wir Menschen als unmündig behandeln, sehr wahrscheinlich ihre unreifen Tendenzen noch verstärken werden. Was als *Reaktion* auf Unreife gemeint gewesen sein könnte, kann zu einer *Hauptquelle* von Unreife werden. Dieser Teufelskreis lässt sich in unzähligen Gemeinden auf der ganzen Welt beobachten.

Es gibt eine Aussage Jesu, die das Wesen von Verantwortung besonders prägnant zum Ausdruck bringt. Als er einen Menschen sah, der am Sabbat arbeitete, sagte Jesus weder: „Tu das nicht", noch: „Bitte fühl dich frei, zu tun, was du willst". Sondern er sagte: „Wenn du weißt, was du tust, bist du selig. Wenn du es aber nicht weißt, bist du verdammt." Diese kurze Erzählung, die so charakteristisch für den historischen Jesus zu sein scheint, ist nur in einer der verschiedenen handschriftlichen Exemplare des Neuen Testaments enthalten, dem sogenannten Codex D, in Lukas 6,5. Offensichtlich war die Problematik eines derartig radikalen Verständnisses menschlicher Verantwortung so groß, dass dieser Vers nicht in die normativen Texte aufgenommen wurde.

Verantwortung geht weit über Gehorsam gegenüber einer Person oder Erfüllung eines Gesetzes hinaus. Ein Gesetz soll Sicherheit bieten, indem es exakt beschreibt, was die Maßstäbe sind. Was nicht verboten ist, ist erlaubt. Viele Menschen bevorzugen es, sich an klare Gesetze zu halten, als herausgefordert zu werden, ihre eigenen Entscheidungen zu treffen: Wie viel genau muss ich tun, wenn das nicht explizit festgelegt ist? Und was soll ich vermeiden, auch wenn es nicht verboten ist? Wenn wir anfangen, diese Art von Fragen zu stellen, beginnen wir zu verstehen, worum es bei christlicher Verantwortung geht.

Von Dietrich Bonhoeffer lernen

Große Teile von Bonhoeffers Schriften – insbesondere seine *Ethik* – befassen sich mit der Frage nach menschlicher Verantwortung. Wer die *Ethik* in der Erwartung liest, direkte Anleitungen zu erhalten – „Tu dies oder tu das" –, wird enttäuscht sein. Das Ziel Bonhoeffers ist es, die Verantwortlichkeit der Menschen zu stärken, jedoch (oder besser gesagt: deshalb) sagt er ihnen nicht, was sie genau zu tun hätten. Er beschreibt immer wieder, wie viel bequemer es ist, sich einer äußeren Autorität zu unterwerfen, als persönliche Verantwortung zu übernehmen. In einem seiner Briefe aus der Haft schreibt er: „Es ist unendlich viel leichter, im Gehorsam gegen einen menschlichen Befehl zu leiden als in der Freiheit eigenster verantwortlicher Tat"[3].

Nur zwei Tage nachdem Adolf Hitler zum Reichskanzler Deutschlands gewählt geworden war, hielt der 26-jährige Bonhoeffer eine Radioansprache, in der er erklärte, dass der Mensch solange das Bedürfnis habe, einem Führer Autorität über sich einzuräumen, wie er „sich selbst nicht reif, stark, verantwortlich genug fühlt"[4]. Ein Führer wird sich die Begrenzung seiner Autorität bewusst machen müssen. Wenn er es versäumt, den Geführten klar zu sagen, wo seine Aufgabe ihre Grenze hat und wo deren eigene Verantwortung beginnt, und wenn er sich von den Geführten dazu hinreißen lässt, zum Idol gemacht zu werden, „dann gleitet das Bild des Führers über in das des Verführers"[5]. Bevor Bonhoeffer seine Ansprache beenden konnte, wurde sie abgebrochen.

Diese Klarheit in der Bewertung gesellschaftlicher Trends und der Mut, die eigenen Gedanken auch in einer Zeit, in der kaum jemand mit ihnen übereinstimmte, öffentlich zum Ausdruck zu bringen, lassen sich – zumindest zum Teil – durch das Familienerbe Bonhoeffers erklären. Alle Bonhoeffer-Kinder wurden angehalten, weder zu einem Menschen voller Bewunderung aufzuschauen, noch verächtlich auf jemand Anderen herabzublicken.

Es gibt eine kleine Anekdote, die besser als jede theologische Erklärung den Geist offenbart, in dem die Bonhoeffer-Kinder erzogen wurden. Das Bonhoeffer-Haus in Berlin teilte sich eine Mauer mit dem Bellevue-Park, wo die Kinder des deutschen Kaisers zu spielen pflegten. Eines der Kindermädchen der Bonhoeffers, eine überzeugte Royalistin, liebte es, die Kinder mitzunehmen, um einen Blick auf den Kaiser oder den Kronprinzen zu erhaschen, wenn diese vorbeikamen. Als Dietrichs Zwillingsschwester Sabine damit prahlte, dass einer der kleinen Prinzen ihr nahe gekommen war und versucht hatte, sie mit einem Stock zu stupsen, war die Reaktion ihrer Eltern bemerkenswert. Sie brachten weder Freude über Sabines Erfahrung einer engen Begegnung mit dem Prinzen zum Ausdruck, noch kritisierten sie sie dafür, dass sie so stolz über dieses Erlebnis gesprochen hatte. Vielmehr reagierten sie mit kaltem, desinteressiertem Schweigen. So lernten die Bonhoeffer-Kinder bereits früh, dass es sich um einen absolut bedeutungslosen Vorfall gehandelt hatte. Niemand sollte eine andere Person auf ein Podest stellen, und niemand sollte auf jemand Anderen herabblicken.

Diese Einstellung wurde Teil von Bonhoeffers DNA. Er widersetzte sich kontinuierlich der Versuchung, Menschen von sich selbst abhängig zu machen, da dies das Gegenteil von Bevollmächtigung gewesen wäre. Bonhoeffers Biograph Eberhard Bethge sagte in einem Interview, dass Dietrich sich dessen bewusst war, dass er, wenn er wollte, Menschen instrumentalisieren könne. „Das hat er als seine größte Versuchung angesehen, die er überwunden hat, indem er eines Tages ... begonnen hat, seine Gaben für andere zu nutzen“[6]. Dieser Widerwillen, Menschen von sich abhängig zu machen, mag einer der Hauptgründe dafür gewesen sein, dass sich so viele von ihm angezogen fühlten.

Ein Lebensstil der Bevollmächtigung

Eines der wichtigsten Merkmale christlicher Führung sollte es sein, sich auf mehr zu konzentrieren als nur die eigenen Ziele. Ein bevollmächtigender Leiter hilft Menschen, *deren* Ziele zu erreichen. In einem Großteil der heutigen Leadership-Literatur wird, auch wenn der Begriff „Empowerment“ fast schon inflationär verwendet wird, damit nichts Anderes gemeint als eine Technik, die Führungskräften hilft, ihre eigenen Ziele effektiver zu erreichen (z.B. berühmter, reicher oder mächtiger zu werden). Die Menschen, die angeblich „bevollmächtigt" werden, werden lediglich für diese Zwecke instrumentalisiert.

Wann immer von visionärer Kommunikation die Rede ist, ist es fast schon zur Routine geworden, auf Martin Luther Kings berühmte „Ich habe einen Traum"-Rede zu hinzuweisen. Oft wird jedoch übersehen, dass es bei dieser Rede trotz der verwendeten Worte nicht eigentlich um den Traum Martin Luther Kings ging. Weder propagierte er seine eigene persönliche Vision, noch lud er Andere ein, sich ihm anzuschließen oder ihn zu unterstützen. Vielmehr entwarf er eine Vision für die *Gemeinschaft*. Als im August 1963 mehr als 200.000 Menschen zum Marsch auf Washington erschienen, taten sie das nicht, um Martin Luther King Jr. zu unterstützen. Sie taten es für sich selbst. Sie verstanden, dass King über ihre eigenen, persönlichen Träume gesprochen hatte. Eine entscheidende Frage (möglicherweise *die* entscheidende Frage) für christliche Leiter ist, ob sie lediglich Helfer suchen, um ihre eigene Vision Wirklichkeit werden zu lassen, oder ob sie sich dafür einsetzen, Anderen zu helfen, deren Visionen auszuleben.

Es gibt einen verblüffend einfachen Weg, um herauszufinden, ob wir es mit einem bevollmächtigenden Leiter zu tun haben oder lediglich mit einem mächtigen. Verbringen Sie zwanzig Minuten in einem persönlichen Gespräch mit dieser Person. Sobald Sie den Raum verlassen haben, stellen Sie sich zwei Fragen:

- Bewundern (bzw. fürchten) Sie diesen Leiter jetzt noch mehr als zuvor? Mit anderen Worten, ist der *Leiter* in Ihren Augen gewachsen?
- Können Sie spüren, dass diese zwanzig Minuten Sie bevollmächtigt haben, eigenverantwortlich Entscheidungen zu treffen? Mit anderen Worten, haben Sie gespürt, dass *Sie selbst* gewachsen sind?

Eine vertiefte Auseinandersetzung mit diesen Fragen finden Sie in Band 3 der Energie-Trilogie und in Band 1 der Bonhoeffer-Trilogie.

Eine der überaus erfreulichen Nebenwirkungen bevollmächtigender Leitung ist eine drastische Reduzierung der Wahrscheinlichkeit, dass es zu Missbrauch kommt. Sollten wir angesichts des entsetzlichen Leidens, das durch emotionalen Missbrauch entstanden ist und immer wieder entsteht, diese Tatsache nicht als viel mehr als nur eine „Nebenwirkung" verstehen? Tatsächlich ist Bevollmächtigung der ultimative Weg, um das Problem emotionalen, geistlichen und körperlichen Missbrauchs direkt an der Wurzel zu packen.

Kapitel 3: Von den Ostkirchen lernen

***These 3:** Eine der Hauptursachen der schwindenden Relevanz des Christentums ist die Entfremdung zwischen seinem östlichen und seinem westlichen Flügel. Während sich die meisten Versuche, die Relevanzkrise anzugehen, etwas davon versprechen, Westler noch westlicher zu machen (und Vertreter der Ostkirchen noch östlicher), besteht die Herausforderung unserer Zeit darin, den genau umgekehrten Weg einzuschlagen: der Westen lernt vom Osten und der Osten lernt vom Westen.*

Wenn westliche Christen heute über das Thema „Lernen vom Osten" sprechen, können wir in aller Regel zwei Gruppen unterscheiden:

- diejenigen, die von allem „Östlichen" magisch angezogen zu sein scheinen, auch von solchen religiösen Konzepten, die keinerlei christliche Wurzeln haben;
- diejenigen, die vor all diesen Versuchen warnen, da sie befürchten, die Übernahme „östlicher Elemente" würde zu einem Religionsmischmasch führen, der das Fundament der christlichen Gottesanschauung aushöhlen könnte.

Was die meisten Menschen nicht wahrnehmen, ist die Tatsache, dass die DNA des Christentums selbst sowohl einen westlichen als auch einen östlichen Pol umfasst. Westliche Spiritualität ist vor allem durch die lateinische Tradition mit ihrem juristischen Schwerpunkt geprägt worden, während östliche Spiritualität sehr viel stärker von den mystischen Traditionen der griechischen Orthodoxie beeinflusst worden ist. So überraschend es für die meisten Westler auch sein mag, vieles von dem, was sie als attraktiv empfinden, wenn sie sich darum bemühen, von den Religionen des Ostens zu lernen, ist bereits Teil ihrer eigenen christlichen DNA. Obwohl diese Aspekte für den Westen „neu" sein mögen, sind sie Kernmerkmale des östlichen Flügels des Christentums und damit Teil des gemeinsamen christlichen Erbes. Das Gleiche gilt umgekehrt. Viele Dinge, die im östlichen Flügel der Kirche nur wenig entwickelt sind, sind ausgesprochene Stärken des westlichen Flügels. Es ist allgemeiner Konsens, dass das Christentum aus östlichen und westlichen Traditionen gemeinsam (und *nur* gemeinsam) besteht. In der Praxis allerdings hat diese Erkenntnis nur einen verschwindend geringen Einfluss auf das geistliche Leben der Gläubigen.

Im Laufe der Kirchengeschichte sind Ost und West bisweilen so miteinander umgegangen, dass der Eindruck entstehen konnte, man hätte es geradezu mit unterschiedlichen Religionen zu tun. Noch heute besteht ein Großteil ihrer Interaktionen faktisch in der Nicht-Interaktion, und es ist nur wenig von einem brennenden Verlangen zu spüren, vom jeweils „anderen Pol" des eigenen christlichen Erbes zu lernen. Die Folgen dieser Entfremdung sind weitaus gravierender, als die meisten von uns vermuten würden.

Mit beiden Lungenflügeln atmen

Das Ausbleiben gegenseitigen Lernens zwischen dem östlichen und dem westlichen Zweig des Christentums ist keineswegs nur ein Thema für theologische Experten. Es geht hier vielmehr um die Frage, wie umfassend wir in unseren jeweiligen Kontexten Christus zu repräsentieren vermögen. Wie bereits erwähnt, hat die Entfremdung zwischen Ost und West buchstäblich zwei amputierte Zweige des Christentums hervorgebracht. Diese Art von Behinderung ist ein Hauptgrund für die geringe Vitalität und Relevanz weiter Teile des Christentums in unserer Zeit. Ohne das jeweilige östliche (bzw. westliche) Pendant ist das Christentum nicht vollständig. Viele der praktischen Probleme, mit denen wir heute in unseren Gemeinden konfrontiert sind, haben ihre tiefste Wurzel in dieser Tatsache.

Als Papst Johannes Paul II. über die Einseitigkeiten beider Traditionen sprach, benutzte er den Ausdruck „mit beiden Lungenflügeln atmen"[1]. Damit deutete er an, dass es im Christentum einer Kombination des rationaleren, juristischen, organisatorisch orientierten lateinischen Ansatzes und des intuitiveren, mystischen und kontemplativen Geistes des Ostens bedarf. Es gibt eine Reihe von Menschen, die nur mit einem Lungenflügel leben, was für das Überleben ausreicht und sicherlich besser ist als der Tod. Um jedoch vital und gesund zu sein und sein volles Potenzial ausleben zu können, sollten wir in der Lage sein, mit beiden Lungenflügeln zu atmen. Bis heute ist das Christentum weit davon entfernt.

Es ist auffallend zu sehen, wie sehr Dietrich Bonhoeffer davon überzeugt war, dass im Blick auf die Krise des westlichen Christentums viele Lösungen im Osten zu finden sind. Er schrieb: „Es muss noch andere Menschen auf der Erde geben, solche die mehr wissen und können als wir. Und es ist einfach banausenhaft, dann nicht auch dorthin lernen zu gehen"[2].

Schon als Student zeigte er ein ausgeprägtes Interesse am östlichen Christentum. Aufgrund der Kürze und der besonderen Herausforderungen seines Lebens hatte er jedoch nie die Möglichkeit, den Osten kennenzulernen.

Er sehnte sich danach, nach Indien zu reisen, nicht nur um sich dort mit Christen zu treffen, sondern auch um Zeit mit Mahatma Gandhi zu verbringen. Er war hoch erfreut, als er schließlich von Gandhi eingeladen wurde, eine Weile bei ihm zu wohnen und ihn auf seinen Reisen zu begleiten, „sofern ich nicht im Gefängnis bin", wie Gandhi schrieb[3]. Bonhoeffer war überzeugt, dass Gandhi die Lehren Jesu mit mehr Respekt behandelte als die meisten Christen seiner Zeit.

„Wenn es um Spiritualität geht, ist uns da nicht der Osten weit voraus?"

In einem Brief an seine Großmutter fasste er seine Motivation, vom Osten zu lernen, in den Worten zusammen: „Tatsächlich ist ja auch das Christentum orientalischer Herkunft und wir haben es dermaßen verwestlicht und mit rein zivilisatorischen Erwägungen durchsetzt, dass es uns so weit verloren gegangen ist, wie wir es jetzt erleben"[4].

Wer derzeitige Bemühungen um Gemeindeerneuerung studiert, stößt auf ein auffälliges Muster. Westliche Ansätze neigen dazu, die Kirche gleichsam „noch westlicher" machen zu wollen, während östliche Ansätze geneigt sind, die Ostkirchen „noch östlicher" zu machen. Ich behaupte nicht, dass diese Versuche völlig verfehlt seien – alle Bemühungen um Erneuerung sind gewiss der reinen Verwaltung des Status quo vorzuziehen –, aber die Kriterien, die derartige Veränderungsprozesse steuern, sind doch zu hinterfragen. Viele Initiativen zur Erneuerung der Kirche ähneln dem Versuch, den Verlust des eigenen Zentrums dadurch zu kompensieren, dass man die Geschwindigkeit, mit der man sich vom Zentrum entfernt, noch einmal erheblich erhöht. Es ist betrüblich zu sehen, wie ahnungslos Christen gegenüber jenen Elementen ihres Erbes – ihrer spirituellen DNA – sein können, die eigentlich nur darauf warten, freigesetzt zu werden.

Verschiedene Schwerpunkte in Ost und West

Die Tabelle auf der nächsten Seite fasst einige wichtige Unterschiede zwischen östlichem und westlichem Christentum zusammen. Während viele Menschen dazu neigen, diese Unterschiede in ihr binäres Denkmuster einzuspannen (richtig oder falsch), ist offensichtlich, dass jedes der dargestell-

Westliche Tradition	Östliche Tradition
Rationalität	Mystik
gesetzlich	therapeutisch
Wahrheit	Schönheit
Worte	Ikonen
Versammlung	Liturgie
Gott im Jenseits	Gott gegenwärtig in seiner Energie

Diese Tabelle zeigt einige typische Unterschiede zwischen östlichen und westlichen Traditionen. Während die Lehren von Ost und West in den meisten Fällen beide Dimensionen umfassen, sind die unterschiedlichen Schwerpunkte doch deutlich erkennbar.

ten Merkmale einen Pol repräsentiert, der auf den jeweils komplementären Pol verweist. Wenn Sie ein Westler sind, können Sie leicht feststellen, dass diejenigen Elemente, die im östlichen Flügel des Christentums stark entwickelt sind, genau die sind, die in den westlichen Kirchen unterentwickelt sind. Das Gleiche gilt natürlich auch umgekehrt.

Lassen Sie mich diese Zusammenhänge anhand von fünf wichtigen Unterschieden zwischen östlichem und westlichem Christentum veranschaulichen:

- *Rationalität versus Mystik:* Während in der westlichen Tradition Mystik eine Subkultur innerhalb der Theologie ist, die wohlwollend akzeptiert oder auch skeptisch beargwöhnt werden mag, hat sie im Osten einen ganz anderen Stellenwert. In der Ostkirche war die Mystik schon immer ein integraler Bestandteil der theologischen Ausbildung; sie ist keine Randerscheinung, sondern Teil der Mainstream-Kultur. Sie ist nicht „anti-rational", sondern zeichnet sich durch eine größere Empfänglichkeit für das Transrationale aus (d.h. das, was die Rationalität überschreitet), als wir es aus westlichen Kirchen gewohnt sind.
- *Gesetzlich versus therapeutisch:* Der Westen benutzt eine Fülle von Begriffen, die alle dem Bereich des Gerichtswesens entstammen: Das Ge-

setz wurde gebrochen, Menschen sind schuldig, Gott ist Richter, Gott verkündet ein Urteil, wir sind verdammt, Christus wurde für unsere Sünden bestraft. Diese forensische Sprache hat ihre Wurzeln in der Bibel. Das Problem ist nicht die forensische Perspektive an sich, sondern die Vorherrschaft dieser Perspektive oder gar eine Reduktion auf diese Perspektive. Häufig wird dabei übersehen, dass die forensische Sprache nur eine von vielen biblischen Möglichkeiten darstellt, die Beziehung zwischen Gott und Mensch zu beschreiben (z.B. Gott als Guter Hirte, als Heiler, Jesus als Arzt, das Verständnis von Segen als etwas, das sowohl den geistlichen wie den physischen Bereich umfasst, Heilung als zentraler Bestandteil des Auftrags an die Jünger, Gemeindeentwicklung als Wachstum zu Mündigkeit und Reife). In der östlichen Tradition gibt es eine stärkere Tendenz zu einer therapeutischen Sprache. Sünde wird als etwas verstanden, das einer Therapie bedarf. Ostkirchlichen Vertretern geht es weniger um die Bestrafung des Sünders, als vielmehr um Fragen wie: Was hat die Menschen zur Sünde veranlasst? Wie können wir sie dabei unterstützen, sündige Tendenzen zu überwinden? Es macht einen Unterschied, ob wir Gott in erster Linie als Richter oder als Therapeuten sehen. Unser Gottesbild prägt das Bild, das wir von uns selbst und von Anderen haben. Wenn Gott in erster Linie als Richter gesehen wird, werden wir versucht sein, uns in einem möglichst günstigen Licht zu präsentieren und uns bemühen, unsere dunklen Seiten zu verbergen. Es wäre nicht vorteilhaft, einem Richter gegenüber diesen Teil der Realität zu offenbaren. Wenn wir Gott dagegen in erster Linie als Therapeuten sehen, werden wir sogar daran interessiert sein, unsere Problembereiche offenzulegen, da es die Aufgabe des Therapeuten ist, uns zu helfen.

- *Wahrheit versus Schönheit:* In der ersten slawischen Chronik des Mönchs Nestor (ca. 1056–1114) heißt es, dass Fürst Wladimir von Kiew 998 nach einer geeigneten Religion Ausschau hielt, um das russische Volk zu einen. Deshalb sandte er Legaten aus, die die Religionen der Nachbarvölker studieren sollten. Anfangs waren die Gesandten nicht allzu beeindruckt von dem, was sie sahen. Aber nachdem sie aus Konstantinopel zurückgekehrt waren, wo sie an der orthodoxen Liturgie teilgenommen hatten, berichteten sie: „Wir wussten nicht, ob wir im Himmel oder auf Erden waren. Denn auf Erden gibt es keine solche Pracht oder Schönheit, und wir wissen nicht, wie wir sie beschreiben sollen. Wir wissen nur, dass Gott dort unter den Menschen wohnt“[5]. Wegen dieses Berichts soll Wladimir die Orthodoxie zur offiziellen Religion Russlands gemacht haben. Ungeachtet der Frage, wie historisch diese Geschichte sein mag, enthüllt sie doch ein wesentliches Merkmal des ostkirchlichen Christentums – Schönheit als Hinweis auf die Wahrheit. Während Schönheit ohne Zweifel auch in der westlichen Kirche eine wichtige Rolle spielt, ist es doch eine allgemeine westliche Tendenz, Schönheit als etwas zu betrachten, das von Wahrheit unterschieden werden muss, anstatt sie als eine der wichtigsten Ausdrucksweisen von Wahrheit zu verstehen.

- *Worte versus Ikonen*: Die Betonung von Schönheit als Hinweis auf Wahrheit ist untrennbar mit dem ostkirchlichen Verständnis von Ikonen verbunden. Westler sollten verstehen, dass Ikonen keineswegs nur künstlerisch ansprechende Dekorationen sind, noch von Menschen geschaffene Götzenbilder (auch wenn es sowohl im Osten als auch im Westen Menschen gibt, die sie auf diese Weise missbrauchen). Innerhalb des orthodoxen Paradigmas drücken Ikonen die wahre (*orthos*) Lehre in visueller Form aus, ebenso wie Lehre und Predigt sie in verbaler Form zum Ausdruck bringen. Die Orthodoxie stellt Worte und Bilder auf die gleiche Ebene. Die Zeit, die ein Mensch vor einer Ikone verbringt, kann so zum „Fenster zur Ewigkeit" werden.
- *Versammlung versus Liturgie:* Westler (jedenfalls dann, wenn sie Teil der protestantischen Tradition sind), neigen dazu, das Wort „Liturgie" als Reihenfolge der Ereignisse in einem Gottesdienst aufzufassen, d.h. wir beginnen mit einer Begrüßung, gefolgt von einer Zeit der Anbetung, und hören dann der Predigt zu. In der östlichen Tradition hat der Begriff einen völlig anderen Bedeutungsumfang. Er bezeichnet den Inbegriff der gemeinschaftlichen Begegnung mit Gott. Wer an einem orthodoxen Gottesdienst teilnimmt, sieht sich nicht an einem bestimmten Zeitpunkt auf einer imaginären Zeitachse und denkt nicht nur an Gottes Taten in der Vergangenheit und an die eigene Zukunft im Himmel. Vielmehr *geschieht* alles gleichzeitig. Man erlebt Gottes Taten (die Westler in erster Linie in der Vergangenheit verorten) und erfährt die himmlische Realität (die Westler in einer zukünftige Zeit anzusiedeln neigen und sie so zu einem bloßen Gedanken anstatt zu einer tatsächlichen Erfahrung machen). Während eine statische Unterscheidung der Zeitstufen uns geradezu zwingt, uns von Vergangenheit und Zukunft zu distanzieren (sie sind nicht erfahrene Realität, sondern Reflexion über diese Realität), ist das Ziel eines orthodoxen Gottesdienstes, diese Dimensionen zu einem Teil des gegenwärtigen Erlebens zu machen. Der Altar reicht buchstäblich bis zum himmlischen Hochzeitsbankett. Die Ewigkeit rückt in die Realitäten von Raum und Zeit.

Für viele Westler mag es überraschend sein, dass orthodoxe Gemeinden bei unseren Untersuchungen im Blick auf das Qualitätsmerkmal „inspirierender Gottesdienst“ im Durchschnitt besser abschneiden als nicht-orthodoxe Gemeinden. Als eine orthodoxe Gemeinde in Kanada das NCD-Gemeindeprofil erhob und in diesem Bereich außergewöhnlich hohe Werte erzielte, war ihr Coach, der stark vom westlichen Modell der ganz auf nicht-kirchliche Menschen ausgerichteten „Seeker-Gottesdienste“ beeinflusst war, mehr als überrascht: „Diese Gemeinde macht im Blick auf den Gottesdienst fast alles falsch, erhält aber dennoch hohe Werte.“ Die Wahrheit ist jedoch, dass diese hoch liturgische Gemeinde nichts falsch gemacht hat, indem sie keine Theatersketche, Trommeln oder Donuts in das gottesdienstliche Miteinander einbezog (was in anderen Gemeinden vielleicht genau das Richtige sein mag). Sie war in der Lage, ihrer Zielgruppe ein unglaublich inspirierendes Gottesdiensterlebnis zu ermöglichen.

Mein Ziel in diesem Kapitel ist nicht, den Eindruck zu erwecken, dass Baptisten, Pfingstler, Mennoniten oder Reformierte von nun an die orthodoxe Liturgie in ihre Gottesdienste einführen oder ihre Gemeinderäume mit Ikonen dekorieren sollten. Noch möchte ich sagen, dass der beste Weg, orthodoxe Gottesdienste attraktiver zu machen, darin bestünde, Seeker-Gottesdienste einzuführen. Wenn Westler vom Osten lernen (und umgekehrt), geht es nicht darum, äußere Formen zu imitieren. Das Ergebnis wäre bestenfalls ein Anachronismus, wenn nicht unfreiwillige Komik. Vielmehr besteht die Herausforderung darin, die den verschiedenen Formen zugrunde liegenden Konzepte zu verstehen und sie in einer Weise zum Ausdruck zu bringen, die für die Menschen, die erreicht werden sollen, am relevantesten ist.

Der Einfluss von Sprache

Einer der Gründe, warum der griechische Osten und der lateinische Westen aneinander vorbeireden, ist die Tatsache, dass sie unterschiedliche Sprachen sprechen, sowohl im wörtlichen als auch im übertragenen Sinne. Das wird deutlich, wenn wir uns einige der Schlüsselbegriffe anschauen, die in beiden Traditionen zur Beschreibung zentraler theologischer Konzepte verwendet werden. Auch in den Fällen, in denen in Ost und West die gleichen Worte benutzt werden, können sie etwas gänzlich Verschiedenartiges bedeuten:

- *Symbolon (Griechisch) und dogma (Latein):* Was im Deutschen, beeinflusst von der lateinischen Tradition, Dogma genannt wird, wird im Griechischen meist als *symbolon* (wörtlich: Symbol) bezeichnet. Für deutsches Sprachgefühl sind dies geradezu entgegengesetzte Konzepte: „War das symbolisch oder dogmatisch gemeint?“ Der griechische Begriff *symbo-*

lon hat wesentlich mehr „symbolische" Konnotationen als das lateinische Wort *dogma*, das stärker auf rationale Zustimmung zielt. Es ist hilfreich zu verstehen, dass der Begriff *dogma* ursprünglich ebenfalls aus dem Griechischen stammt und direkt ins Lateinische übernommen wurde. Gleichzeitig übernahmen die Römer den griechischen Begriff *symbolon* (lateinisch: *symbolum*). Mit anderen Worten, beide Traditionen benutzten beide Begriffe, um zentrale christliche Wahrheiten zu beschreiben. Vor diesem Hintergrund ist es bezeichnend, dass im griechischen Osten der Begriff *symbolon* bevorzugt wurde, während im lateinischen Westen vor allem *dogma* bzw. *decretum* verwendet wurde. In den vom Lateinischen beeinflussten Kulturen verschwand die *symbolon*-Sprache im Laufe der Zeit fast vollständig als etwas, das die christliche Lehre beschreibt, während „Dogma" und „dogmatisch" vorherrschen.

- *Mysterion (Griechisch) und sacramentum (Latein):* Wenn sich die Griechen auf die Sakramente beziehen, verwenden sie den Begriff *mysterion* (wörtlich: Geheimnis). Während *sacramentum* sich etymologisch von *sacer* (heilig, sakral) herleitet, basiert *mysterion* auf derselben Wurzel, von der unser deutsches Wort „mystisch" abgeleitet ist. Es ist aufschlussreich, dass die Römer (die den griechischen Begriff *mysterion* in Form von *mysterium* ebenfalls übernommen hatten) sich nicht dafür entschieden, *mysterium* zu verwenden, um das zu beschreiben, was wir heute im Westen ein „Sakrament" nennen. Die mystische Sprache war für den lateinischen Geist nicht wirklich attraktiv, vielleicht nicht einmal verständlich. Deshalb haben wir in westlichen Sprachen Sakramente, keine Geheimnisse.
- *Theoria (sowohl Griechisch als auch Latein):* Wieder einmal übernahmen die Lateiner einen griechischen Begriff – *theoria*. Unser heutiges Verständnis von „Theorie" bzw. „theoretisch" ist weitgehend identisch mit den Konnotationen, die die Römer mit den Worten verbanden: ein rationales Schema. Im Griechischen hat das Wort jedoch eine ganz andere Bedeutung. Es war und ist ein Kernbegriff orthodoxer Mystik, der auf eine innere Erleuchtung, eine Vision von Gott verweist. Theorie und Vision von Gott? Für deutsches Sprachgefühl sind das geradezu einander ausschließende Kategorien. Wenn ein Mensch sagt: „Ich habe eine Theorie", würde dann irgendjemand vermuten, dass er oder sie soeben eine Vision von Gott empfangen hat? Oder wenn ein Mensch betont: „Wir müssen uns auf den theoretischen Aspekt konzentrieren", käme irgendjemand auf den Gedanken, dass dies in direktem Zusammenhang mit Fasten und Beten stehen könnte?

Theosis: Ein Gott, der vergöttlicht

Es ist wichtig, die vorhergehenden Ausführungen über die gegenseitige Entfremdung zwischen Ost und West im Hinterkopf zu behalten, wenn wir nun in eine Diskussion über einen Aspekt der östlichen Tradition eintreten, den der Westen nie verstanden hat: *theosis*, im Deutschen in der Regel mit dem Substantiv „Vergöttlichung" wiedergegeben. Meine Erfahrung ist, dass die intuitive Reaktion westlicher Christen auf diesen Begriff fast durchgängig negativ ist, ungeachtet der Tatsache, dass dieses Konzept die ersten sieben Jahrhunderte hindurch eine wichtige Säule sowohl östlicher als auch westlicher Theologie war. Wenn wir uns die Übersetzung von *theosis* anschauen (die im Deutschen wahrscheinlich die einzig mögliche ist), müssen wir bedenken, dass im westlichen Paradigma – aufgrund kultureller wie sprachlicher Konventionen – ein Begriff wie „Vergöttlichung" gänzlich andere Assoziationen auslöst als die, die im griechischen Osten mit dem Begriff *theosis* verbunden werden.

Westler verdächtigen das Konzept bisweilen als menschlichen Versuch, Gottes Platz einzunehmen. Aus diesem Grund bemüht sich die Mehrheit westlicher Theologen, den Begriff gänzlich zu vermeiden, oder man erwähnt ihn bestenfalls in einer milde zustimmenden oder kritisch-distanzierenden Fußnote. Das ist in der Orthodoxie vollkommen anders, da hier das Einbezogensein in einen kontinuierlichen Prozess von *theosis* als Sinn unseres menschlichen Lebens verstanden wird.

Ein Problem mit dem Begriff „Vergöttlichung" (im Sinne von „Gott werden") ist, dass sich der westliche Geist, sobald er mit diesem Begriff konfrontiert wird, unmittelbar auf das Substantiv „Gott" fokussiert (was zur Gleichung „Mensch = Gott" führt), anstatt auf den *Prozess* der *theosis* und das Verb „vergöttlichen" (im Sinne des griechischen Verbs *theopoieo*). Tatsächlich kommunizieren die beiden Sätze „Ich bin Gott" und „Ich bin in einem Prozess der *theosis*" durchaus nicht dasselbe.

Wenn das Konzept der *theosis* – d.h. von Gott zunehmend durchdrungen zu werden – nicht zur Verfügung steht, reduziert sich unsere Beziehung zu Gott weitgehend darauf, den Willen Gottes zu erkennen und zu tun. Ohne Zweifel ist diese Dimension ein wichtiger Teil der Nachfolge Jesu, der niemals aufgegeben werden darf. Wenn das Christentum jedoch auf diese Dimension *reduziert* wird – Jüngerschaft allein durch menschliche Willenskraft –, werden Menschen ihre gesamte verfügbare Energie für die Aktivierung von Selbstdisziplin einsetzen müssen, ohne dabei sonderlich effektiv zu sein. Sobald unser Gottesverständnis die Möglichkeit einschließt, mit Gott vereint zu werden, werden wir ihn als in uns lebend

– und uns als in ihm lebend – wahrnehmen. In dem Maße, wie wir im Prozess der *theosis* Fortschritte machen, sind unser Wille und Gottes Wille keine Antipoden mehr in einem endlosen Kampf miteinander. Gottes Wille wird zunehmend zu unserem Willen. Wir vereinigen uns mit Gott und werden „Teilhaber (*koinonoi*) der göttlichen Natur", um es in den Worten von 2. Petrus 1,4 auszudrücken. Dies ist nicht mehr eine rein moralische Beziehung, die von zwei gegensätzlichen Willensbekundungen geprägt ist, sondern eine personale Vereinigung. Unnötig zu sagen, dass dies einen endlosen Prozess beschreibt, dessen Ziel (vollständige Einheit mit Gott) in unserem irdischen Leben niemals erreicht werden wird.

Es muss ausdrücklich darauf hingewiesen werden, dass *theosis* nicht mit moralischem Perfektionismus verwechselt werden sollte. Im Mittelpunkt von *theosis* steht nicht Vollkommenheit im Sinne menschlicher Tugenden, sondern die vollkommene Gemeinschaft mit Gott (die natürlich Einfluss auf menschliche Tugend hat). Wiederum können wir sehen, dass eine Tradition, die in erster Linie, wenn nicht ausschließlich, die Willenskraft anspricht, Schwierigkeiten haben wird, das Wesen von *theosis* zu erfassen. *Theosis* impliziert mehr als die Frage: Was würde Jesus tun? Vielmehr lässt sie uns die Frage stellen: Was *wird* Christus jetzt tun, in mir und durch mich?

Natürlich ist der Gedanke hinter dem Begriff *theosis* dem Westen nicht vollkommen fremd. Es gibt zu viele biblische Texte, die darauf hinweisen, dass Gott in uns lebt und wir in ihm. Die drei bekanntesten sind wohl die folgenden:

- Apostelgeschichte 17,28: „Denn in ihm leben, weben und sind wir."
- Galater 2,20: „Ich lebe, doch nun nicht ich, sondern Christus lebt in mir."
- 1. Johannes 4,16: „Wer in der Liebe bleibt, der bleibt in Gott und Gott in ihm."

Auf der Grundlage dieser biblischen Aussagen befasst sich eine Menge von Büchern mit dieser Dimension des christlichen Glaubens. Ohne ein systematisches Konzept von *theosis* wird diese Dimension im Westen jedoch allzu gern an mystische Subkulturen „delegiert", die entweder positiv oder skeptisch gesehen werden mögen, aber in beiden Fällen nicht Teil der westlichen Mainstream-Kultur geworden sind.

Im Westen ist das Konzept, das der orthodoxen *theosis*-Lehre am nächsten kommt, das, was einige der führenden protestantischen Theologen – unter anderen Dietrich Bonhoeffer, Paul Tillich und Helmut Thielicke – „Theonomie" genannt haben (Bonhoeffer verwendet den Begriff „Christonomie“). Theonomie ist eine Alternative sowohl zum Autonomismus (das eigene Selbst ist der entscheidende Faktor) als auch zum Heteronomismus (externe institutionelle Elemente sind der entscheidende Faktor).

- Autonomismus bedeutet, dass Menschen Entscheidungen allein auf Grundlage ihres eigenen ethischen Kompasses treffen. Wer diesen Weg verfolgen, lehnt sowohl die legalistischen Forderungen heteronomistischer Organisationen ab (zu Recht) als auch Gottes Maßstäbe (zu Unrecht). In diesem Ansatz tritt das eigene Selbst faktisch an die Stelle Gottes.
- Heteronomismus wiederum sieht die Gefahren menschlichen Autonomismus und versucht, ihnen mit institutionellen Mitteln (Gesetze, Moralvorschriften, menschliche Autorität) entgegenzuwirken. Das autonome Selbst ist aufgerufen, sich diesen äußeren Autoritäten zu unterwerfen. Bei diesem Ansatz treten die institutionellen Strukturen faktisch an die Stelle Gottes.

Die gesamte Kirchengeschichte kann als Kampf zwischen Autonomismus und Heteronomismus – also zwischen zwei Missverständnissen des christlichen Glaubens – gesehen werden. Paul Tillich hat die Probleme, die sich aus diesem Konflikt ergeben, wie folgt beschrieben: „Der doppelte Kampf gegen eine leere Autonomie und eine zerstörerische Heteronomie macht die Suche nach einer neuen Theonomie heute so dringend wie am Ende der Antike. Die Katastrophe der autonomen Vernunft ist vollständig. Weder Autonomie noch Heteronomie, voneinander isoliert und im Konflikt, können die Antwort geben“[6]. Bisweilen hat man den Eindruck, dass nur eine verworrene Alternative, irgendwo zwischen Heteronomie und Autonomie angesiedelt, möglich sei. In Wahrheit aber gibt es sehr wohl eine dritte Möglichkeit – Theonomie.

Während das Konzept der Theonomie dem östlichen Konzept der *theosis* am nächsten kommt, lässt sich doch zeigen, dass *theosis* einen Schritt weiter geht. Theonomie führt uns, bildlich gesprochen, bis an die Grenze des Himmels, während *theosis* uns erlaubt, einen Blick über diese Grenze hinaus zu werfen. Der Hauptunterschied zwischen beiden Ansätzen besteht darin, dass *theosis* darauf beruht, von Gottes Energie durchdrungen zu werden, während Theonomie in erster Linie den menschlichen Willen anspricht.

Wenn westliche Leser dem Ausdruck „Gottes Energie“ begegnen, sind sie vielleicht zunächst einmal etwas verwirrt, da sie fälschlicherweise davon ausgehen, dass dies kein christlicher oder biblischer Begriff sei. Diese Unwissenheit ist möglicherweise eine der dramatischsten Folgen der gegenseitigen Entfremdung zwischen Ost und West. Während Gottes Energie definitiv eine neutestamentliche Realität ist, hat sie zu keiner Zeit ihren Weg auf die Tagesordnung des westlichen Christentums gefunden, vielleicht auch deshalb, weil unsere kulturell geprägten Brillengläser es uns nicht erlaubt haben, diese Realität in der Bibel überhaupt wahrzunehmen.

Eine vertiefte Auseinandersetzung mit diesen Fragen finden Sie in Band 1 der Energie-Trilogie.

Nach meiner Einschätzung vermag dieser Faktor allein unzählige Probleme des heutigen Christentums weitaus tiefgründiger zu erklären als die meisten der routinemäßigen Erklärungen, an die wir uns bereits gewöhnt haben. Was könnte wohl alles geschehen, wenn ein so zentrales Thema systematisch angegangen würde, um anschließend die praktischen Konsequenzen daraus zu ziehen?

Kapitel 4: Die biblische Realität der Energie Gottes wiederentdecken

***These 4:** Es gibt eine hoch relevante Lehre im Neuen Testament, die im westlichen Christentum fast gänzlich unbekannt geblieben ist – das Konzept der Energie Gottes. Dieser Missstand erklärt eine Fülle von Problemen, mit denen sich das westliche Christentum heute konfrontiert sieht. Die Hebung dieses neutestamentlichen Schatzes könnte sich durchaus als Schlüssel zu einer geistlichen Reformation zu entpuppen.*

Ist es vorstellbar, dass es eine Lehre des Neuen Testaments gibt, die in den Originaltexten immer wieder zum Ausdruck kommt – und die das westliche Christentum völlig ignoriert hat? Ist es vorstellbar, dass diese Lehre uns Lösungen für einige der größten Konflikte des Christentums bietet – und die meisten westlichen Christen haben nicht die geringste Ahnung, dass diese Lösungen bereits Teil ihrer christlichen DNA sind?

Es gibt zwei Antworten: Erstens ist dies tatsächlich nicht wirklich vorstellbar. Und zweitens ist genau das geschehen. Die gute Nachricht ist, dass sich die Situation momentan zu ändern beginnt. Es deutet Manches darauf hin, dass in der nächsten Phase des Christentums die Lehre über Gottes Energie zu einem Schlüsselelement geistlicher Erneuerung werden könnte. Die Wiederentdeckung dieses biblischen Schatzes kann dazu beitragen, viele der traditionellen westlichen Lehren so zu vertiefen und neu zu interpretieren, dass gänzlich neue theologische, geistliche und strategische Möglichkeiten entstehen. Man stelle sich das vor: näher an der Bibel und gerade dadurch näher an den Bedürfnissen unserer Zeit. Wir leben in aufregenden Zeiten!

In den letzten zehn Jahren habe ich den größten Teil meiner Zeit in die Erforschung dieses Themas investiert – nicht nur in das neutestamentliche Konzept von Energie, sondern auch in die Gründe, warum dieser Aspekt der biblischen Lehre es nie auf die Tagesordnung des westlichen Christentums geschafft hat. Dies ist definitiv die bisher theologisch herausforderndste Phase meines Lebens gewesen. Während ich diese Zeilen schreibe, habe ich die Manuskripte für zwei von drei Bänden einer 960-seitigen

Trilogie über Gottes Energie weitgehend abgeschlossen und gehe davon aus, dass der erste Band zur gleichen Zeit wie dieses Buch vorliegen wird[1].

Mein persönlicher Weg zu Gottes Energie

Mein eigener Umgang mit diesem Thema erfolgte nicht linear, sondern in ständig wechselnden Phasen von Euphorie, Skepsis und Frustration. Ich habe es mir nicht „ausgesucht", mich mit diesem Thema zu beschäftigen. Ich war einfach überwältigt von seiner biblischen Evidenz und seiner Kraft – oder sollte ich sagen: seiner „Energie"? Als ich vor etlichen Jahren anfing zu verstehen, dass meine persönliche Herkunft – kulturell als Westler und konfessionell als Protestant – mich nicht ausreichend vorbereitet hatte, dieses biblische Konzept zu erfassen, schrieb ich zunächst alle dreißig Verse des Neuen Testaments, die explizit über Gottes Energie sprechen, auf dreißig Meditationskarten. Dann lebte ich buchstäblich einige Jahre lang mit diesen Texten. Über viele Monate hinweg waren sie das erste, was ich morgens las, und das letzte, was ich mir anschaute, bevor ich zu Bett ging.

Ich lernte alle diese Verse im griechischen Originaltext auswendig, um sie auf eine Weise zu mir sprechen zu lassen, die meine kulturell geprägte Voreingenommenheit und meine theologischen Lieblingsideen in Frage zu stellen vermochte. Während ich beim Einchecken am Flughafen oder an der Supermarktkasse in der Schlage stand, während ich Gottesdienste besuchte oder Bücher über Psychologie, Quantenphysik oder nicht-westliche Kulturen studierte, während ich reiste, um Denominationen zu beraten oder zu Hause an unserem Biotop saß, um mich nach einem herausfordernden Tag des Coachings zu erholen, ließ ich die auswendig gelernten Verse mein Herz und meinen Geist durchdringen, immer auf der Suche, neue und möglicherweise überraschende Entdeckungen zu machen.

Ein Höhepunkt dieses Prozesses war eine Zeit auf dem Berg Athos, dem Zentrum ostkirchlichen Mönchtums. Der Athos beherbergt zwanzig Klöster und ist, obgleich formal Teil Griechenlands und der EU, buchstäblich ein eigener Staat. Auf dem „Heiligen Berg", wie ihn die Griechen nennen, ist man überall von geistlichen und theologischen Triggerpunkten umgeben, und viele von ihnen haben eine starke Affinität zu Gottes Energie. Abgesehen davon, dass ich mehrmals täglich an den gemeinsamen Gottesdienst- und Gebetszeiten teilnahm, verbrachte ich die meiste Zeit ganz für mich allein, ausschließlich mit meinem griechischen Neuen Testament in der Hand.

Es war dieser meditative Zugang zur Bibel, der mir half, den eingeschränkten Blick zu überwinden, den ich als protestantischer Westler hatte.

Nachdem ich spürte, dass sich mein Sehvermögen veränderte (eine andere Art, einen Paradigmenwechsel zu beschreiben), war ich froh, die gleichen exegetischen Methoden anwenden zu können, die ich in meiner westlichen theologischen Ausbildung gelernt und mein ganzes Leben lang praktiziert hatte. Allerdings sah ich jetzt beim Studium der gleichen Texte, mit denen ich mich auch vorher intensiv beschäftigt hatte, etwas gänzlich Anderes.

Die ostkirchliche Energielehre

Es dauerte eine Weile, bis ich erkannte, dass die Lehre über Gottes Energie – während sie in der westlichen Kirche praktisch nicht existiert – in der östlichen Tradition einen zentralen Platz einnimmt, nahezu auf der Ebene eines Dogmas, das durchaus mit den christlichen Lehren über das Personsein Gottes oder die Trinität vergleichbar ist. Diese Lehre hat im Christentum von Beginn an existiert, aber der westliche Flügel hat sie niemals angenommen. Um fair zu sein, müssen wir hinzufügen, dass es unangebracht wäre, von jemandem zu erwarten, etwas anzunehmen oder gar umzusetzen, das diese Person niemals verstanden hat. Und wie können wir erwarten, dass jemand etwas versteht, wenn die eigenen konzeptionellen Werkzeuge dies kaum zulassen? Eine komplizierte Situation! Je mehr Einblick ich in die kulturellen, politischen und linguistischen Hintergründe dieser Ausblendungsmechanismen gewann, desto mehr wurde mir die Komplexität des Themas und die Schwierigkeit, eine Veränderung herbeizuführen, bewusst. Was man auch immer zu diesem Thema sagen mag, es ist geradezu vorprogrammiert, dass es missverstanden wird. Das war und ist der frustrierende Teil dieses Prozesses. Extrem frustrierend sogar!

„Warum wirkt das Christentum bei uns so, als wäre es ohne Saft und Kraft?"

Der spannende Teil ist neben dem Tiefgang der neutestamentlichen Lehre selbst die Weisheit, die wir in den Schriften der griechischen Kirchenväter finden. Ein großer Teil der Schriften über „göttliche Energie" ist darauf gerichtet, eine Unterscheidung zwischen Gottes unzugänglichem Wesen und seiner zugänglichen Energie zu machen und auf dieser Grundlage eine Brücke zwischen Transzendenz und Immanenz zu schlagen – durchaus nicht nur auf der Ebene theologischer Reflexion, sondern auch in der eigenen geistlichen Erfahrung. Nach orthodoxem Verständnis nimmt durch die göttliche Energie der Mensch real „Anteil an der göttlichen Natur", ohne Teil von Gottes Wesen zu werden. Eine häufig gebrauchte Metapher, um diesen Sachverhalt zu kommunizieren, war die Unterscheidung von Sonne und Sonnenstrahlen.

Während Christen, die von der Tradition des lateinischen Westens geprägt sind – was heute die überwältigende Mehrheit des Christentums ausmacht –, die Lehre von Gottes Energie als etwas „Neues" empfinden mögen, ist das Thema für diejenigen, die von der Theologie des griechischen Ostens geprägt sind, schon immer ein wichtiger Pfeiler ihrer Lehre gewesen. In den theologischen Diskussionen des gesamten patristischen Zeitalters (d.h. vom ersten bis zum frühen 8. Jahrhundert v. Chr.) spielte das Thema der Energie Gottes in den Schriften der griechischsprachigen Kirchenväter eine herausragende Rolle. Da sich westliche Kirchenführer lediglich über den Umweg lateinischer Übersetzungen an der Diskussion beteiligten (sofern sie sich überhaupt beteiligten), wurde das Thema zunehmend zu einer rein innergriechischen Angelegenheit.

Orthodoxe Theologie unterscheidet drei Dimensionen des Seins Gottes:

- Erstens das unbeschreibbare und unzugängliche göttliche Wesen. Streng genommen kann Theologie keine Aussagen über diese Dimension machen. Sie kann bestenfalls zu rein negativen Kategorien greifen und deutlich machen, was Gott *nicht* ist. Diese Dimension weist über Gottes Personsein hinaus. Es ist die Dimension der absoluten Transzendenz.
- Zweitens die drei göttlichen Personen. Da Gott sich selbst als Vater, Sohn und Heiliger Geist offenbart hat, können wir ihm als Vater, Sohn und Heiligem Geist begegnen, und in jedem Fall werden wir ihm als Person begegnen.
- Drittens die unerschaffene Energie, die vom Wesen Gottes zu unterscheiden ist. Durch sie wird ein transpersonaler Zugang zu Gottes Transzendenz eröffnet. Die Energie entströmt der Trinität als Ganzer.

Diese Unterscheidung zwischen Wesen und Energie ist ein einzigartiges Merkmal orthodoxer Theologie, das im Westen keinerlei Entsprechung hat. Die Konsequenzen, die sich aus einem Fehlen dieser Unterscheidung ergeben, sind weitaus größer, als es zunächst den Anschein haben mag. Weil die westliche Kirche kaum in der Lage ist, Gottes Energie zu verstehen, fällt es ihr auch schwer, geistliche Realitäten wahrzunehmen, die Teil der alltäglichen Erfahrung des neutestamentlichen Christen waren. Diese Erfahrungsdefizite gehen Hand in Hand mit Defiziten in der theologischen Reflexion. Ohne eine entsprechende Erfahrung gibt es an dieser Stelle nichts, was man reflektieren könnte. Aufgrund der Abwesenheit von Erfahrung und Reflexion wurden Menschen blind gegenüber der Beschreibung dieser Realitäten in der Bibel.

Energie im Neuen Testament

Der biblische Sachverhalt ist überaus klar. Es gibt im Neuen Testament 34 explizite Verweise auf *energeia* (und die davon abgeleiteten Formen), die Mehrzahl an theologisch prominenten Stellen und in äußerst relevanten Kontexten: zehnmal als Nomen (entweder *energeia* oder *energema*), dreimal als Adjektiv (*energes*) und 21-mal als Verb (*energeo*).

Warum finden wir dann in unseren deutschen Bibeln keine Hinweise auf Gottes Energie? Auf den ersten Blick mag das Ganze als ein einfaches Übersetzungsproblem erscheinen, das leicht lösbar sein sollte. Bei näherer Betrachtung stoßen wir indessen auf ein weitaus tiefer sitzendes Problem, sogar auf einen ganzen Eisberg ungelöster Probleme, der sich unter der von fragwürdigen Übersetzungspraktiken geprägten Spitze des Eisbergs befindet. Wenn wir tiefer tauchen, um den gesamten Eisberg zu erforschen, werden wir verstehen, warum die genannten Begriffe in der Vergangenheit nicht im Sinne von „Energie" übersetzt wurden, und auch, warum heutige Übersetzungspraktiken den alten, eingespielten Mustern nach wie vor folgen.

Am Ende des Prozesses, wenn der Gipfelpunkt zirkulärer Logik erreicht ist, mag einem sogar gesagt werden, dass wir *energeia* unmöglich mit Energie wiedergeben können, da Energie kein „biblisches Wort" sei. Stattdessen finden wir Wörter wie *Wirkung*, *Macht* oder *Vermögen* für das Substantiv; *tatkräftig*, *kraftvoll* oder *stark* für das Adjektiv; und *vollbringen*, *geschehen* oder *tun* für das Verb. Und all diese Übersetzungen können von Vers zu Vers variieren und vollkommen die Tatsache verschleiern, dass sich hinter diesen Worten eine homogene Wortgruppe von herausragender theologischer Bedeutung verbirgt.

Noch auffallender als die relativ hohe Zahl an Hinweisen auf Gottes Energie im Neuen Testament ist der prominente Ort der jeweiligen Aussagen. Die Kontexte, in denen diese Verse erscheinen, beziehen sich auf persönliches Wachstum, Mission, Gebet, geistliche Gaben, Einheit in Vielfalt, Gemeindeaufbau, Führung, das Wort Gottes, Leiden, Satan, Kampf gegen Verführung, Auseinandersetzung mit Gesetzlichkeit, Prädestination, Leben nach dem Tod, Gottes Wirken durch menschliches Tun, Sünde, Gnade, Liebe und Glauben – kurz gesagt, alle wichtigen Bereiche des christlichen Lebens scheinen von der Lehre über Gottes Energie betroffen zu sein. Dies ist definitiv nicht nur ein Thema für theologische Experten.

Lassen Sie mich lediglich fünf der dreißig Verse nennen, die zumindest einmal *energeia* und die von diesem Nomen abgeleiteten Wörter benutzen. Mein Ziel ist an dieser Stelle nicht, eine Exegese dieser Verse vorzulegen, sondern lediglich ein Gefühl dafür zu vermitteln, welchen Unterschied es macht, ob wir die griechischen Wörter mit „Energie“ übersetzen oder den traditionellen Übersetzungen folgen, die ursprünglich aus der Unmöglichkeit erwuchsen, das Energiekonzept auf Latein auszudrücken.

Bei den deutschen Übersetzungen besteht das Problem, dass es zwar sowohl für das Substantiv (*energeia* – Energie) als auch für das Adjektiv (*energes* – energiegeladen/energieerfüllt) wunderbare deutsche Worte gibt, die unzweideutig auf die gemeinsame Wurzel hinweisen. Das gilt allerdings nicht für das Verb (*energeo*). Während z.B. im Englischen an dieser Stelle ein vorzügliches und äußerst kraftvolles Wort vorliegt (*to energize* mit den hoch relevanten Ableitungen *energizer* und *energization*), besteht in der Art, wie sich die deutsche Sprache entwickelt hat, diese Möglichkeit (bislang) nicht. Um den Zusammenhang des Verbs mit der Energiewortgruppe gleichwohl deutlich zu machen, habe ich mich für die Wortneuschöpfung „energisieren“ entschieden. Mir ist natürlich bewusst, dass dies kein gutes Deutsch ist – es ist überhaupt kein Deutsch –, aber es kann in unserem Kontext als Hilfswort dienen, um auf die semantische Zusammengehörigkeit der Energie-Wortgruppe aufmerksam zu machen[2].

Beispiel 1: Epheser 4,16

Von dem aus der ganze Leib zusammengefügt ist und ein Glied am andern hängt durch alle Gelenke, wodurch jedes Glied das andere unterstützt nach dem Maß seiner Energie (energeian | Luther: Kraft) und macht, dass der Leib wächst und sich selbst aufbaut in der Liebe.

Dieser Vers nennt die wichtigsten Faktoren, die für den Aufbau des Leibes Christi benötigt werden, also die wichtigsten Faktoren für die Gemeindeentwicklung. Der Vers drückt aus, dass dann, wenn in einer konzertierten Aktion in jedem Gläubigen die ihm gegebene „Energie“ freigesetzt wird, der Körper sich „selbst aufbaut in der Liebe“. Mit anderen Worten: Der richtige Einsatz von Energie ist der Schlüssel zur Gemeindeentwicklung.

In den meisten Bibelübersetzungen gehen viele der entscheidenden Nuancen dieses Textes verloren. Werfen wir einen Blick auf den Ausdruck „wodurch jedes Glied das andere unterstützt nach dem Maß seiner Energie“, der aus strategischer Sicht das Zentrum des Verses darstellt. Dies sind die Wiedergaben von häufig verwendeten Bibelübersetzungen im Deutschen:

- „nach dem Maß der Leistungsfähigkeit jedes einzelnen Gliedes“ (*Schlachter*)
- „indem so jedes Glied nach dem Maße seines Vermögens seine Funktion erfüllt“ (*Wilckens*)
- „jeder einzelne Teil erfüllt seine Aufgabe“ (*Gute Nachricht*)

- „jeder einzelne Körperteil leistet seinen Beitrag entsprechend der ihm zugewiesenen Aufgabe“ (*Neue Genfer Übersetzung*)

In einigen der populärsten englischen Übersetzungen tritt die Übersetzungsproblematik noch zugespitzter zutage:

- “as each part does its work” (*New International Version*)
- “according to the proper working of each individual part” (*New American Standard Bible*)
- “when each part is working properly” (*English Standard Version*)
- “as each individual part does its job” (*International Standard Version*)

Es ist sicherlich wichtig, dass wir alle unsere „Aufgaben“ wahrnehmen, dass wir dabei „leistungsfähig“ sind, dass wir unsere „Funktion“ erfüllen, dass wir unseren „job“ machen und auch, dass wir ihn „anständig“ (*properly*) erledigen. Aber einen Job anständig zu erledigen ist durchaus nicht dasselbe wie das Engagement an der Energie auszurichten, die jedem Glied zugemessen ist. Während sich die *Do your job properly*-Sprache ausschließlich auf Ergebnisse bezieht, ignoriert sie vollkommen die Gesetzmäßigkeiten intrinsischer Motivation, die zu diesen Ergebnissen führen.

Dagegen interessiert sich der ursprüngliche griechische Text gerade für den Zusammenhang zwischen der Erledigung der Aufgabe und der zugrunde liegenden („energisierenden“) Motivationsstruktur, die es uns ermöglicht, Transzendenz inmitten unserer täglichen Aktivitäten zu erfahren. Begegnungen mit Gottes Energie sind immer Begegnungen mit transzendenter, ewiger und göttlicher Realität, die sich inmitten der Realitäten von Raum und Zeit aufspüren lässt. Es gibt eine motivierende Kraft, die aus dieser Quelle fließt und – sofern sie erkannt und genutzt wird – einen Schlüssel zu intrinsischer Motivation darstellt. Die *Getting the job done*-Sprache verdunkelt diese Realität vollkommen.

Beispiel 2: 1. Korinther 12,6

Und es sind verschiedene Wirkungen von Energie (energematon | Luther: Kräfte); aber es ist ein Gott, der da wirkt alles in allen.

Dies ist der letzte von drei Versen, die die drei wesentlichen Dimensionen von gabenorientierter Mitarbeiterschaft erklären:

- Vers 4 sagt, dass es verschiedene geistliche Gaben gibt (*charismata*), aber denselben Geist.
- Vers 5 sagt, dass es verschiedene Dienste gibt (*diakoniai*), aber denselben Herrn.

- Und dann folgt Vers 6: Es gibt verschiedene Wirkungen von Energie (*energemata*), aber es ist derselbe Gott, der alles in allen wirkt (wörtlich: „energisiert", d.h. mit Energie versorgt).

Während das Thema der geistlichen Gaben in den letzten Jahrzehnten relativ viel Aufmerksamkeit auf sich gezogen hat, ist es interessant zu beobachten, dass das Energiekonzept – trotz der klaren neutestamentlichen Hinweise wie in diesem Text – nie Teil der Lehre über gabenorientierte Mitarbeiterschaft geworden ist. Das kann sogar in den ersten Auflagen der von mir selbst entwickelten Ressourcen für gabenorientierte Mitarbeiterschaft studiert werden. Den Menschen wird geholfen, ihre Gaben zu entdecken (Vers 4) und diese auf konkrete Dienste zu beziehen (Vers 5). Wunderbar! Aber Vers 6 hatte nie einen strategischen Einfluss auf diesen Prozess. Das ist zu einem erheblichen Teil auf die Wiedergabe von Vers 6 in unseren Bibelübersetzungen zurückzuführen. Die häufigsten Übersetzungen von *energemata* sind „Kräfte" und „Kraftwirkungen". Im Englischen sieht es ähnlich aus. Dort finden wir Begriffe wie *workings*, *activities*, *effects*, *results* und *operations*. Dies erklärt, warum die Begriffe „geistliche Gabe" und „Dienst" sowohl in der Theologie als auch in der Gemeindeentwicklung zu zentralen Fachausdrücken geworden sind, nicht aber „Energie".

Beispiel 3: 1. Korinther 16,9

Denn mir ist eine große und energieerfüllte (energes) Tür (Luther: große Tür zu reichem Wirken) aufgetan; und es gibt (Luther: es gibt aber auch) viele Widersacher.

Dieser Vers enthält eine Reihe von Schlüsselerkenntnissen im Blick auf ein Konzept, das bei der Verbreitung des Christentums eine herausragende Rolle spielt – die „offene Tür". Die Frage ist: Worin besteht das Wesen einer offenen Tür? Im alltäglichen christlichen Sprachgebrauch bedeutet dieser Begriff meist so etwas wie: „Es ergab sich eine gute Gelegenheit", „die Umstände waren günstig" oder „alles lief reibungslos". Aber ist das wirklich der Schlüssel zum neutestamentlichen Konzept der offenen Tür?

Unser Text spricht von einer „großen und energieerfüllten" Tür. Wenn wir verschiedene Bibelübersetzungen vergleichen, können wir sehen, wie sehr die Übersetzer mit einem passenden Ausdruck für eine Tür, die *energes* ist, zu ringen hatten. Wir finden Übersetzungen wie „Tür aufgetan zu großer und wirksamer Tätigkeit" (Wilckens), „offene Türen geschenkt, um die rettende Botschaft zu verkünden" (Hoffnung für alle), „offen für ein erfolgreiches Wirken" (Gute Nachricht), „für die Verbreitung des Glaubens eine große Tür geöffnet" (Willkommen daheim). Wir sehen, dass die

Übersetzer immer dann, wenn sie sich dagegen entschieden, *energes* durch ein Wort wie „energieerfüllt" zu übersetzen, meinten, irgendetwas ergänzen zu müssen: „zu großer und wirksamer Tätigkeit", „um die rettende Botschaft zu verkünden", „für ein erfolgreiches Wirken", „für die Verbreitung des Glaubens". Auch wenn es sein mag, dass Paulus all das, was hinter den Worten „zu", „um" oder „für" folgt, tatsächlich im Sinn hatte, so findet sich nichts davon im griechischen Text. Der spricht schlicht und einfach von einer „energieerfüllten Tür".

Der Kontext dieses Verses sind Paulus' Überlegungen im Blick auf seine Reisepläne nach Korinth. Er wollte unbedingt zu den Korinthern reisen, sogar etwas länger bleiben, aber eine Auswertung der Energieverhältnisse in Ephesus brachte ihn dazu, seine Pläne zu ändern. Eine offene Tür ist nichts Anderes als eine energieerfüllte Tür. Umgekehrt ist die Suche nach Spuren von Gottes Energie in einem bestimmten Umfeld das Wichtigste, was wir tun können, um herauszufinden, ob eine Tür für uns geöffnet wurde.

Auch wenn sich dieses Verständnis einer offenen Tür bereits erheblich von unserem alltäglichen Gebrauch des Begriffs unterscheidet, so gibt es doch einen weiteren Aspekt in unserem Vers, der das alltägliche mit dem biblischen Verständnis nahezu unvereinbar macht. Nachdem er die „offene Tür" beschrieben hat, fährt Paulus fort: „und es gibt viele Widersacher". Vorerst möchte ich unsere Aufmerksamkeit ausschließlich auf das kleine Wörtchen „und" lenken. Wenn wir eine offene Tür im Sinne eines reibungslosen Ablaufs verstehen, würden die meisten von uns an dieser Stelle vermutlich ein „aber" statt eines „und" erwarten. Wir neigen dazu, die „vielen Widersacher" als Gegensatz zu der beschriebenen offenen Tür zu betrachten, nicht als Teil von ihr. Und fatalerweise finden wir den hinter „aber" stehenden Gedanken, der dieses Verständnis jetzt auch noch in die Bibel selbst einträgt, nicht nur bei Luther, sondern auch in zahlreichen anderen Übersetzungen: „doch" (Einheitsübersetzung), „freilich" (Menge), „aber auch" (Fotobibel), „allerdings" (Willkommen daheim). Hier ist jedoch nicht von „doch", „freilich", „aber auch" oder „allerdings" die Rede (also einem vermuteten Gegensatz), sondern von „und".

Das unschuldige kleine Wort „und" macht deutlich, dass die genannten Widersacher Teil eines Gesamtpakets sind, das als „energieerfüllt" bezeichnet wird. Inmitten des Widerstandes, dem wir begegnen, können wir Energie erleben, die für das Reich Gottes förderlich ist – eine Tatsache, die in Zeiten von Erweckung regelmäßig zu beobachten ist. Der Widerstand selbst kann ein Mittel zur Verbreitung des Evangeliums werden. Zeiten der Erweckung sind nicht durch die Abwesenheit von Problemen gekennzeichnet, sondern durch eine – bisweilen atemberaubende – Verstärkung und Vermehrung von Problemen. Gottes Segen zeigt sich nicht in der Abwesenheit von Widersachern, sondern in der Anwesenheit von Energie.

Beispiel 4: Philipper 2,13

Denn Gott ist der „Energisierer" (energon) in euch von beidem (Luther: Gott ist's, der in euch wirkt beides), Wollen und „Energisieren" (energein | Luther: das Wollen und das Vollbringen), nach seinem Wohlgefallen.

Da dieser Vers möglicherweise die signifikantesten Aussagen zu Gottes Energie enthält, die sich im gesamten Neuen Testament finden lassen, ist es lohnend, ihn ein wenig näher zu betrachten. In extrem verdichteter Form enthüllt er eine Fülle von Geheimnissen, die unser Verständnis von Gottes Energie enorm vertiefen können.

Da der Satz mit dem Wort „denn" beginnt, ist es sinnvoll, zunächst einmal einen kurzen Blick auf den vorangehenden Vers zu werfen. In Vers 12 gibt es eine Aussage, die – losgelöst von diesem spezifischen Kontext – äußerst irritierend klingen könnte, da sie der gesamten Lehre des Paulus über Glauben und menschliche Werke, wie wir sie aus anderen Teilen seiner Briefe kennen, zu widersprechen scheint. Paulus sagt hier wörtlich: „Schaffet, dass ihr selig werdet, mit Furcht und Zittern", und das ist durchaus kein Übersetzungsfehler! Den Philippern wird nicht nur gesagt, dass sie ihre eigene Erlösung „schaffen" sollen, sondern sie sollen das Ganze auch noch mit „Furcht und Zittern" angehen. Ist es wirklich Paulus, der hier spricht? Er ist es tatsächlich, und dieser Teil seiner Lehre ist einer der faszinierendsten Aspekte in den Schriften des Mannes, der zu Recht als „Apostel der Gnade" bezeichnet wird. Sie führt uns zum Zentrum des einzigartigen Ineinanders von Transzendenz und Immanenz, das für das Neue Testament so kennzeichnend ist.

Die Aufforderung „Schaffet, dass ihr selig werdet" beschreibt die Realitäten, die auf empirischer Ebene zugänglich sind (Immanenz). Hier werden Menschen aktiv, und diese Aktivität ist sichtbar. Ein neutraler Beobachter kann sie wahrnehmen, und Wissenschaftler können sie messen. Eine solche immanente Sichtweise ist wichtig und hilfreich. Schließlich vollzieht sich das menschliche Leben, einschließlich seiner religiösen Dimension, auf der empirischen Ebene.

Während Vers 12 von beobachtbaren Aktivitäten spricht, wechselt Vers 13 gleichsam auf die transempirische Ebene und sagt, es sei Gott, der diese Aktivitäten „energisiert". Wenn wir beide Perspektiven in ein Gesamtbild einzeichnen, besteht – da sie sich auf unterschiedliche Ebenen beziehen – nicht der geringste Widerspruch zwischen beiden Aussagen. Hinter dem „schaffet" von Vers 12 verbirgt sich der Gedanke, dass Gott der *energon* ist. Dabei handelt es sich um das Partizip Präsenz von *energeo*, ein Begriff, den ich mit „der Energisierer" wiedergegeben habe.

Es ist äußerst relevant, dass der Satz „Schaffet, dass ihr selig werdet" (Vers 12) mit dem Satz „Gott ist der Energisierer" (Vers 13) durch das Wort „denn" (*gar*) verbunden ist. Typisch westlichem Denken entspräche es, diese beiden Aussagen mit einem „aber" zu verbinden: „Klar, wir müssen natürlich etwas tun, aber eigentlich ist es ja Gott, der alles wirkt, nicht wir." Das aber wäre gerade nicht das, was Paulus zum Ausdruck bringen möchte. Er sagt deutlich: Wir arbeiten an unserer Erlösung, *denn* Gott „energisiert" sie. Das kleine Wort „denn" ist von allergrößter theologischer Bedeutung. Es durch ein „aber" zu ersetzen, würde dazu führen, dass die gesamte Argumentation des Paulus zusammenbräche und sich seine überaus klare Lehre in eine paradoxe Botschaft der Vagheit und Verwirrung verwandelte. Interessanterweise sind die meisten Aussagen, die wir in der westlichen Theologie über die Beziehung zwischen Gottes Werk und menschlichem Tun finden, paradox formuliert und spiegeln eher eine „Aber-" als eine „Denn"-Logik wider. Solange wir das Energieparadigma des Neuen Testaments nicht verstanden haben, müssen wir uns in Paradoxien flüchten, und in westlichen Theologien besteht an ihnen gewiss kein Mangel.

Doch Paulus geht noch einen Schritt weiter und zieht praktische Konsequenzen aus der Tatsache, dass Gott der „Energisierer" ist. Und jetzt wird seine Lehre erst richtig spannend. Er sagt, dass Gott „das Wollen und das Vollbringen" in uns energisiere, wie es in den meisten Bibelübersetzungen heißt (natürlich ohne das Wort „energisieren" zu verwenden). Alternative Übersetzungen sind: „nicht nur bereit, sondern auch fähig" (Neue Genfer Übersetzung), „etwas zu planen und auszuführen" (Fotobibel), „dass ihr den Willen dazu habt und es auch zur Ausführung bringen könnt" (Das Buch), „einmal, dass ihr das überhaupt wollt, und dann, dass ihr es überhaupt schaffen könnt" (Volx-Bibel).

Augustin hat diese Zusammenhänge treffend beschrieben: „Wir wollen, aber Gott bewirkt das Wollen in uns. Deshalb arbeiten wir, aber Gott bewirkt das Arbeiten in uns"[3]. Das ist recht gut formuliert, von zwei Einschränkungen abgesehen. Erstens: Anstatt über „Energie" und „energisieren" zu sprechen, verwendet Augustin die Begriffe „Arbeit" und „bewirken". Aber als Lateiner, der den größten Teil seiner Theologie zu Beginn des fünften Jahrhunderts entwickelte, hatte er einfach keinen Begriff für Energie. Zweitens verband Augustin als typischer Westler die beiden sich ergänzenden Aussagen in jedem der beiden Sätze mit einem „aber". Eigentlich sollte es jedoch ein „denn" sein. „Wir wollen, denn Gott bewirkt das Wollen in uns. Deshalb arbeiten wir, denn Gott bewirkt das Arbeiten in uns." Wie so oft neigen westliche Theologen dazu, Paradoxien zu sehen, wo die Bibel eine synergetische Komplementarität beschreibt.

Es gibt noch einen weiteren Punkt, der in traditionellen Übersetzungen nicht klar zum Ausdruck kommt. Der griechische Begriff hinter „vollbringen/fähig sein/ausführen/schaffen" ist einmal mehr *energeo*. Der Text sagt also tatsächlich: „Gott ist der Energisierer in euch, sowohl im Blick auf das Wollen als auch im Blick auf das Energisieren" (oder besser noch, um Energie freizusetzen bzw. zu vermitteln). All das klingt wieder einmal nicht gerade nach elegantem Deutsch, aber vermag doch die Zusammenhänge zu erhellen. Was der Text sagt, ist schlicht, dass Gott das „Energisieren in uns energisiert". Das bedeutet auch, dass er uns sowohl energisiert als auch energisierend macht (*energized* und *energizing*), also in die Lage versetzt, die uns vermittelte Energie mit Anderen zu teilen. Auf Grundlage dieses Verständnisses könnten wir Augustins Satz so übersetzen: „Wir wollen, denn Gott bewirkt das Wollen in uns. Deshalb energisieren wir, denn Gott energisiert das Energisieren in uns."

Jetzt können wir sehen, dass „der Energisierer" (*ho energon*) selbst hinter dem „schaffet" von Vers 12 steht. Aus dieser Perspektive macht auch der Begriff „Furcht und Zittern" sehr viel Sinn, der mit „schaffet" verbunden wird. Wir wurden mit all der göttlichen Energie ausgestattet, die wir benötigen. In dieser Energie ist Gott selbst präsent. Unser „Schaffen" besteht darin, ein Kanal für Gottes Wirken zu werden. Indem wir uns für diese Wirklichkeit öffnen, manifestiert sich durch uns hindurch Gott selbst. Furcht und Zittern scheinen mehr als angemessene Reaktionen zu sein, wenn wir uns dieser geistlichen Zusammenhänge vollumfänglich bewusst werden.

Die intrinsische Motivation, die wir spüren, wenn wir Teil dieses Prozesses werden, ist unvergleichlich größer als alles, was wir in angeblich „motivierenden" Selbsthilfe-Büchern finden können. Es ist weit mehr als nur die Versicherung, dass Gott bei uns ist. Vielmehr geht es darum, dass wir in Einheit mit Gott leben.

Beispiel 5: Jakobus 5,16

Des Gerechten Gebet vermag viel, wenn es „energisiert" (energoumene | Luther: ernstlich) ist.

Das griechische Wort, das ich mit „energisiert" übersetzt habe, ist *energoumene*. Im ersten Jahrhundert war ein Energumen ein Anwärter auf die Mitgliedschaft in der Gemeinde, der nur eingeschränkt am gemeindlichen Gottesdienst teilnehmen durfte und der einer speziellen Klasse zugewiesen wurde, die von Exorzisten betreut wurde. Es ist auffallend, dass Jakobus in diesem Vers, in dem er über das Gebet spricht, genau den gleichen Begriff benutzt (da es sich um ein Partizip handelt, kann der Begriff sowohl für Handlungen als auch für Menschen gebraucht werden).

Wann immer dieser Begriff verwendet wurde, musste man ihn unweigerlich mit einem Menschen in Verbindung bringen, der von Dämonen besessen war. Sehr wahrscheinlich wollte Jakobus diese gedankliche Verbindung bewusst herstellen, denn hätte er diese Anspielung vermeiden wollen, so hätte er leicht einen anderen Begriff – wie z.B. *energes* – verwenden können, der die gleiche Bedeutung vermittelt hätte. So wie ein Energumen von bösen Geistern vollständig absorbiert wird und buchstäblich eins mit ihnen geworden ist, so sollten Christen vollständig vom Heiligen Geist absorbiert werden, damit nicht sie, sondern der Geist selbst in ihnen betet (Röm. 8,26).

Das ist die Essenz dessen, was in der ostkirchlichen Tradition als *theosis* bezeichnet wird: ein Gebet, in dem das Subjekt nicht mehr klar erkennbar ist. Gott betet in uns. Wir versuchen nicht, Gott für unsere Agenda zu gewinnen, ihn gleichsam „vor unseren Karren zu spannen", sondern wir werden eins mit seinem Willen, ja sogar mit ihm selbst. Jakobus sagt uns, dass dieses Gebet „viel vermag".

Was ist das Geheimnis eines solchen Gebets? Nach Jakobus' Worten vermag das Gebet viel, „wenn es energisiert ist". Durch das Gebet wird die „Trennlinie" zwischen dem „Hier und jetzt" (bestimmt durch die Gesetze von Raum und Zeit) und dem „Jenseits" (bestimmt durch die Gesetze der Ewigkeit) gleichsam „porös". In diesen Momenten können wir Ewigkeit inmitten von Raum und Zeit erleben. Wie wir vermutlich erwartet haben, verdecken die meisten Übersetzungen diese Zusammenhänge. Der Gedanke, dass das Gebet viel vermag, wenn es „energisiert" bzw. „energieerfüllt" ist, wird von der Lutherübersetzung doch tatsächlich mit den Worten „wenn es ernstlich ist" wiedergegeben. Es fällt auf, dass diese Interpretation selbst in der jüngsten Revision der Lutherbibel von 2017 „bewahrt" worden ist. Dies ist nur eines von unzähligen Beispielen, wie es Bibellesern geradezu unmöglich gemacht wird, Gottes Energie in der Bibel zu begegnen.

Zweifelsohne sollten wir das Thema „Gottes Energie" als etwas Ernstliches betrachten, und erst recht das Gebet im Einklang mit Gottes Energie. Aber „energieerfüllt" mit „ernstlich" wiederzugeben – nachdem man es die gesamte Übersetzung hindurch versäumt hat, die Leser mit dem neutestamentlichen Konzept von Gottes Energie bekannt zu machen –, scheint mir ein Verfahren zu sein, dass der Ernsthaftigkeit des Themas nicht wirklich gerecht wird.

Zehn Anwendungsbereiche der Energielehre

Diese Bibelverse sind nur einige Beispiele für die neutestamentliche Energielehre, die Türen aufstoßen kann, um Gott in einer Weise zu erfahren und mit ihm zusammenzuwirken, die im Westen weitgehend unbekannt ist. Die praktischen Auswirkungen dieser Lehre sind tiefgreifend:

- Erstens ist sie ein Schlüssel, um „Gottes Jenseitigkeit inmitten unseres Lebens" zu erfahren. Wie wir gesehen haben, ist es für den Westen unglaublich schwierig, das volle Ausmaß dessen zu verstehen, was es bedeuten könnte, den transzendenten Gott mitten in unserem Lebens zu erfahren. Mit dem Energiekonzept rückt transzendente Wirklichkeit (die Energie Gottes) direkt ins Hier und Jetzt und berührt alle Bereiche unseres Lebens, nicht nur den „religiösen Bereich". Die „Relevanzkrise" des Christentums ist zu einem erheblichen Teil das Resultat einer „Energiekrise".
- Zweitens ist sie ein Schlüssel zur Freisetzung von intrinsischer Motivation. Menschen sind hoch motiviert, sich in Aufgaben zu investieren, wenn von folgenden Voraussetzungen ausgegangen werden kann: (a) diese Menschen sind – im Rahmen ihrer eigenen Weltanschauung – überzeugt von der Bedeutung dessen, was sie tun; (b) sie erleben ihr Engagement als Ausdruck ihrer von Gott gegebenen Energie. Sobald Menschen von dieser Energie angetrieben werden, sind sie nicht mehr auf externe Anreize angewiesen. Klassische Konzepte der Motivation (sowohl im Blick auf Selbstmotivation als auch auf Motivation Anderer) sind viel zu einseitig auf rationale Mittel konzentriert und vernachlässigen die transrationalen (also über das momentan Verstandene hinausreichenden und das Unbewusste einschließenden) Aspekte des menschlichen Motivationssystems. Energie wird weitgehend vom Unbewussten verarbeitet und drückt sich in Gefühlen aus, die oft ignoriert oder unterdrückt werden, so dass Menschen – insbesondere Westler – lernen müssen, diese von Gott gegebenen motivationalen Triebkräfte wahrzunehmen, zu interpretieren und zu nutzen.
- Drittens ist sie ein Schlüssel zum Umgang mit der Realität des Bösen. Das Energiekonzept ermöglicht es, zwischen Sünde und Energie zu unterscheiden. Natürlich können wir diese Unterscheidung nur treffen, wenn uns das Energiekonzept auch zur Verfügung steht. Andernfalls laufen wir Gefahr, einen der beiden folgenden Wege zu gehen: (a) wir vermuten, dass unser unverstandener Energietrieb etwas

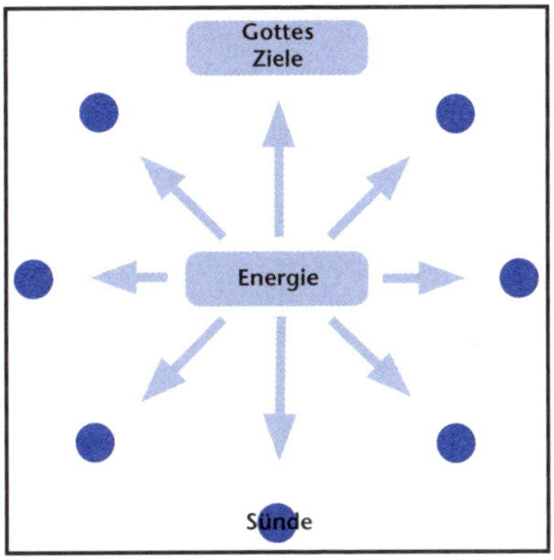

Solange Energie im Menschen nicht umgeleitet wird, drückt sie sich in verschiedenen destruktiven Verhaltensweisen aus („Sünden", symbolisiert durch die dunkelblauen Punkte), während sie nur in relativ geringem Maße zu den Zielen Gottes beiträgt.

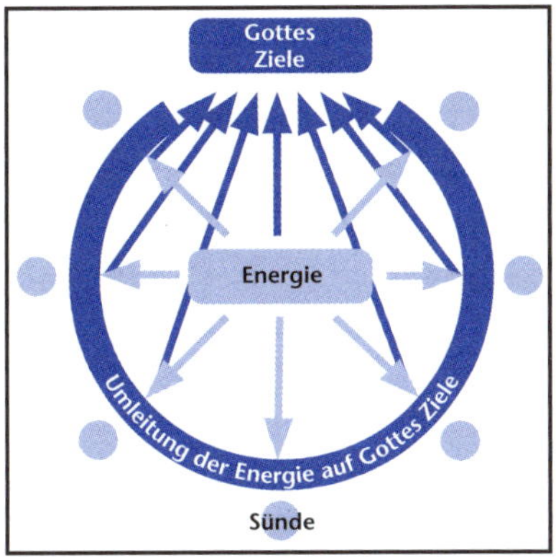

Die Parabel symbolisiert das Konzept der Energieumwandlung. In beiden Diagrammen ist die Energie der betreffenden Person im Fluss. In diesem Fall leitet die Parabel diese Energie jedoch so um, dass sie vollumfänglich zu Gottes Zielen beiträgt.

Böses („Sündhaftes") sei und bemühen uns folglich, genau die Kräfte zu unterdrücken, auf die wir angewiesen sind, um destruktive Verhaltensmuster zu überwinden; (b) sobald wir die Unmöglichkeit eines solchen Verfahrens erkannt haben, ergeben wir uns der überwältigenden „Macht der Sünde", anstatt die Energie in uns anzuerkennen und in konstruktive Bahnen zu lenken. Diese Dynamik wird durch die beiden oben stehenden Diagramme veranschaulicht. Das erste Bild zeigt, was geschieht, wenn wir nicht bewusst unsere Energie auf die Ziele Gottes richten. In diesem Fall hat ein Großteil der Energie destruktive Effekte. Im Gegensatz dazu veranschaulicht das zweite Bild die Folgen der Umleitung von Energie (symbolisiert durch die Parabel). Die Energie fließt wie im Diagramm links, wird aber von der Parabel so umgeleitet, dass sie vollumfänglich zu Gottes Zielen beiträgt.

- Viertens ist sie ein Schlüssel zum Verständnis der einzigartigen Synergie zwischen Gott und Mensch. Warum versuchen wir Menschen so oft, Gottes Werk zu tun, während wir von ihm erwarten, dass er unser Werk tut? Wenn wir Gottes Transzendenz inmitten unseres Lebens verstehen, können menschliche Handlungen gleichzeitig göttliche Handlungen sein. Wie wir gesehen haben, kommt dies in Philipper 2,12–13 wunderbar zum Ausdruck, wo die Aussagen „Schaffet, dass ihr selig werdet, mit Furcht und Zittern" und „Gott ist der ‚Energisierer' von beidem, Wollen und ‚Energisieren'" mit dem Wort „denn" verbunden sind. Die göttliche Energie in Paulus ist auch die „eigene" Energie des Paulus. Gottes Handeln ist nicht mechanisch oder deterministisch, so als ob sie die menschliche Tätigkeit ersetzte – ein Missverständnis, das unweigerlich entsteht, wenn das Energieparadigma nicht verfügbar ist oder nicht verstanden wird.

- Fünftens ist sie ein Schlüssel zur Neubewertung unzähliger theologischer Themen, die das Christentum im Laufe der Kirchengeschichte in mannigfache Konflikte und Krisen gestürzt haben. Was sind die Auswirkungen des biblischen Energieparadigmas auf unser Verständnis von Wundern? Auf unser Konzept von Schöpfung? Auf das Thema Dämonisierung? Auf Prädestination? Auf unser Bild von Ewigkeit? Im Laufe der Kirchengeschichte bemühte sich das westliche Christentum redlich, diese und eine Vielzahl anderer Themen zu bearbeiten, ohne das biblische Energieparadigma zur Verfügung zu haben. In vielen Fällen waren die gefundenen Lösungen suboptimal, um es zurückhaltend auszudrücken.
- Sechstens ist sie ein Schlüssel zu geistlichen Interaktionen zwischen Christen und Nichtchristen. Das Energieparadigma ermöglicht beiden Gruppen, sich auf neue Formen der Kommunikation miteinander einzulassen. Es bietet eine Grundlage, um gemeinsame spirituelle Erfahrungen zu erkunden, die auf unterschiedliche Weise interpretiert werden können. Sowohl Nichtchristen als auch biblisches Christentum widersetzen sich oft den gleichen Dingen, wie z.B. heteronomen oder fundamentalistischen Tendenzen in der Religion. Die Konsequenzen, die man aus dieser Kritik zieht, können jedoch äußerst unterschiedlich sein.
- Siebtens ist sie ein Schlüssel für den Umgang mit Esoterik. Viele Gemeinden haben Angst, sich von esoterischen Lehren infizieren zu lassen, die Menschen von obskuren Konzepten abhängig machen, ihre Freiheit einschränken, ihre Mündigkeit behindern und ihre Verantwortlichkeit untergraben. Das biblische Energieparadigma spricht viele Erfahrungsbereiche an, die für Menschen, die sich für einen esoterischen Weg entschieden haben, von großer Relevanz sind. Die Interpretation dieser Erfahrungen auf eine biblische Weise ermöglicht einen Umgang mit Energie, der persönliche Freiheit, Mündigkeit und Verantwortlichkeit fördert.

- Achtens ist sie ein Schlüssel zum Thema Führung generell und insbesondere zum Thema Gemeindeleitung. Das Wissen, dass ein Leiter vor allem durch die Energie wirkt, die von ihm ausgeht, ermöglicht Ansätze von Führung, die in der gängigen Literatur praktisch unbekannt sind. Die effektivste Art, Menschen zu prägen und zu bevollmächtigen, besteht darin, sie im biblischen Sinne zu „energisieren", d.h. sie Teil von Gottes Energie werden zu lassen.
- Neuntens ist sie ein Schlüssel zur Entscheidungsfindung. Die meisten Ziel- und Entscheidungsfindungsprozesse im Westen sind von rein kognitiven Ansätzen geprägt, die die Energiekategorie vollkommen aus dem Blick lassen. Am Ende wundern wir uns, warum wir so große Schwierigkeiten haben, uns selbst zu disziplinieren, um die Ziele zu verfolgen, die für uns eigentlich logisch und sinnvoll sind. Unsere Ziele wurden nie mit Gottes Energie in Einklang gebracht. Infolgedessen haben wir einen Fuß auf dem Gaspedal, während der andere auf die Bremse zu treten scheint, ohne dass wir uns diese selbst verursachte Blockierung erklären könnten.
- Zehntens ist sie ein Schlüssel, um „Von-Selbst-Wachstum" zu erleben. Einer der bemerkenswertesten Aspekte des biblischen Energiebegriffs ist, dass Energie bereits ein Ergebnis beinhaltet – unausweichlich. Je stärker Menschen im Einklang mit Gottes Energie leben, desto stärker erfahren sie, wie Gott selbst in ihnen und durch sie wirkt. Sie stellen gleichsam vom Einsatz reiner Willenskraft auf „Autopilot" um, vom Kampf gegen endlose Hindernisse auf die Erfahrung dessen, was in der Psychologie als „Zielabschirmung" bezeichnet wird.

Eine vertiefte Auseinandersetzung mit diesen Fragen finden Sie in Band 1 der Energie-Trilogie.

Ich bin zuversichtlich, dass sich die Situation in zwanzig Jahren völlig anders darstellen wird als heute. Ich rechne damit, dass bis dahin die Kategorie der göttlichen Energie ein Standardthema im theologischen Diskurs geworden sein wird. Das Bestreben, sein eigenes Leben in Einklang mit Gottes Energie zu bringen, wird für Millionen von Christen so selbstverständlich sein wie der Besuch eines Gottesdienstes, die Veranstaltung einer Jugendfreizeit, das Entdecken von geistlichen Gaben oder die Planung des Haushalts für das kommende Jahr. Dies wird Millionen von Nichtchristen die Möglichkeit geben, die christliche Kirche als etwas zu erleben, das überraschend relevant und attraktiv ist. In einem solchen Umfeld werden viele gerne bereit sein, sich selbst mit Zeit und Energie einzubringen.

Kapitel 5:
Der transpersonalen Dimension Gottes begegnen

These 5: *In der Vergangenheit hat das Christentum so sehr das Personsein Gottes in den Vordergrund gestellt, dass dabei Gottes transpersonale Dimension (transpersonal = nicht weniger als eine Person, sondern mehr als eine Person) kaum noch Beachtung fand. Die Neigung zu binärem Denken (entweder/oder) macht es praktisch unmöglich, beide Dimensionen zusammenzubringen. Gott ausschließlich als Person zu verstehen ist ebenso unbiblisch wie der gegenteilige Versuch, ihn auf unpersönliche Kategorien zu reduzieren.*

Das Gottesbild, das viele Nichtchristen haben, ist durch zwei Merkmale gekennzeichnet:

- Erstens glauben sie nicht an einen persönlichen Gott, der mit den Menschen interagiert und in die Geschichte eingreift.
- Zweitens sind sie aufgeschlossen, ein Gottesbild in nicht-personalen Kategorien (z.B. einer aktiven Kraft, einem leitenden Prinzip oder einer schöpferischen Energie) zu erkunden, auch wenn sie selbst andere Begriffe als „Gott“ benutzen würden, um diese Realität zu beschreiben.

Im Gegensatz dazu ist das Gottesbild, das die meisten Christen haben, durch das genaue Gegenteil gekennzeichnet:

- Erstens glauben sie an einen persönlichen Gott, den Vater Jesu Christi, der sich der Menschheit offenbart hat.
- Zweitens: Um diese personale Vorstellung zu verteidigen, widersetzen sie sich allen Versuchen, Gott in einer Weise zu beschreiben, die nicht in personale Kategorien einzuordnen ist.

Sobald diese Christen von der transpersonalen Dimension Gottes hören (ein Begriff, den sie ebenso flink wie irrtümlich als „unpersönlich“ auslegen), spüren sie intuitiv den Drang zum Widerspruch. Diese Reaktion mag auf den ersten Blick verständlich erscheinen, da ein personales Gottesbild Kern der biblischen Lehre ist. Bei näherem Hinsehen wird jedoch deutlich, dass diese Abwehrhaltung nicht durch die Verteidigung des biblischen Gottesbildes in Bewegung gesetzt wird (das sowohl von personalen als auch von transpersonalen Kategorien geprägt ist), sondern durch eine weitgehend unreflektierte Neigung zu binärem Denken. Alles, was nicht personal ist, wird als unpersönlich, wenn nicht gar antipersönlich interpretiert – ein Angriff auf das personale Gottesbild und damit auf Gott selbst.

Möglicherweise gibt es keinen anderen Bereich in der Theologie, in dem das Denken in Form von binärer Opposition zu solch verheerenden Auswirkungen geführt hat, wie wir es beim Gottesbild studieren können. Dies führt u.a. zu den folgenden beiden Konsequenzen:

- Erstens beeinträchtigt es die Fähigkeit, wahre Aussagen über Gott und authentische Erfahrungen mit Gott anzuerkennen, die von Nicht-Christen gemacht und in nicht-personaler Sprache ausgedrückt werden.
- Zweitens führt es zum Ausschluss einer ganzen Dimension der Gotteserfahrung (z.B. ein Bewusstsein und Gespür für Gottes Energie) von christlicher Spiritualität.

Binäres Denken versus Komplementarität

Die moderne Wissenschaft hat gezeigt, dass wir, um viele Gesetzmäßigkeiten der Welt zu verstehen, von einem Denken in Kategorien binärer Opposition zu einem komplementären Denken umstellen müssen. Ein klassisches Beispiel ist das Konzept des Lichts. Es konnte empirisch nachgewiesen werden, dass einige Eigenschaften des Lichts nur durch die Verwendung des Bildes der Wellen erklärt werden können, während andere nur durch die Verwendung des Bildes von Teilchen beschreibbar sind. Auch wenn diese beiden Dimensionen sich gegenseitig auszuschließen scheinen – eine Welle kann kein Teilchen sein, und ein Teilchen kann keine Welle sein –, sind beide Dimensionen zusammen notwendig, um die Natur des Lichts zu erfassen.

> ***„Ich glaube schon an etwas Göttliches – aber Gott als Person ist mir eher fremd."***

Was diese Gesetzmäßigkeiten so kontraintuitiv macht, ist die Tatsache, dass die beiden komplementären Dimensionen nicht gleichzeitig beobachtet werden können. Während wir Licht als Wellen beobachten, können

Wenn Sie sich dieses Bild ansehen, können Sie entweder eine Vase oder zwei Gesichter erkennen. Beide Wahrnehmungen sind möglich und wahr – aber sie sind nicht gleichzeitig möglich. Wenn wir uns mit Komplementarität in der Spiritualität beschäftigen (z.B. im Blick auf ein personales und ein transpersonales Gottesbild), ist es hilfreich, mit den in diesem Bild zu lernenden Zusammenhängen vertraut zu sein.

wir es nicht als Teilchen betrachten; und während wir Licht als Teilchen beobachten, können wir es nicht als Wellen betrachten. In jedem gegebenen Moment können wir nur *eine* der beiden Realitäten wahrnehmen; und doch ist es notwendig, dass wir bei der Reflexion unserer Beobachtungen beide Dimensionen „zusammendenken".

Diese Gesetzmäßigkeit kann mit Hilfe des oben gezeigten Bilderrätsels veranschaulicht werden. Wenn Sie sich das Bild anschauen, sehen Sie entweder eine Vase oder zwei Gesichter, je nachdem, ob Sie sich auf die dunklen oder die hellen Teile des Bildes konzentrieren. Der Fokus des Betrachters entscheidet über das entstehende Bild. Während Sie die Vase sehen, verschwinden die Gesichter, und während Sie die Gesichter sehen, verschwindet die Vase. Einige Menschen mögen anfänglich Schwierigkeiten haben, auf die jeweils alternative Ansicht umzuschalten. Sobald es ihnen jedoch *einmal* gelungen ist, können sie nach Belieben entscheiden, welche der beiden Perspektiven sie zu einem bestimmten Zeitpunkt sehen möchten. Wenn sie allerdings versuchen, beide Bilder *gleichzeitig* zu betrachten, wird es ihnen nicht gelingen.

Die Erkenntnisse aus einem solchen Bilderrätsel können uns helfen, das Prinzip der Komplementarität auf andere – und weitaus wichtigere – Aspekte der Wirklichkeit zu übertragen. Einige Kulturen werden so sehr von binären Denkmustern bestimmt, dass es einer mentalen Umpolung bedarf, um sie aus einer statischen Entweder-Oder-Mentalität zu befreien und diese durch eine Sowohl-als-auch-Kategorie, wie sie für weite Teile von Gottes Welt kennzeichnend ist, zu ersetzen.

Der Begriff Komplementarität geht auf das lateinische Wort *complementum* zurück (auf Deutsch: ganz, vollständig). Komplementarität drückt die Überzeugung aus, dass unzählige Einblicke in die Realität einer alternativen Einsicht bedürfen. Diese Alternative kann zu Ergebnissen führen, die den ursprünglich gewonnenen Erkenntnissen widersprechen, aber auf einer tieferen (bzw. höheren) Ebene ergänzen sie einander. Ein philosophisches Wörterbuch definiert Komplementarität als „die Zusammengehörigkeit verschiedener Möglichkeiten, dasselbe Objekt als verschiedenes zu erfahren. Komplementäre Erkenntnisse gehören zusammen, insofern sie Erkenntnisse desselben Objektes sind; sie schließen einander jedoch aus, als sie nicht zugleich und für denselben Zeitpunkt erfolgen können“[1].

Komplementarität und Gottesbild

Das Prinzip der Komplementarität ist besonders hilfreich, wenn es um unser Verständnis von Gott geht. Auch wenn ein personales Gottesbild auf den ersten Blick unvereinbar mit nicht-personalen Kategorien zu sein scheint, können beide Begriffe in dem, was sich als „transpersonal“ bezeichnen lässt, zusammengeführt werden. Transpersonal bedeutet, dass Gott nicht weniger, sondern mehr als eine Person ist.

Sobald wir etwas darin geübt sind, in komplementären Kategorien zu denken, werden wir keine Notwendigkeit mehr verspüren, Gottes transpersonale Dimension zu verneinen, weil uns ein personales Verständnis am Herzen liegt, und umgekehrt. Beide Ansichten sind möglich und biblisch sogar notwendig. Sie stehen nicht im Widerspruch zueinander. Die Vorsilbe „trans“ bekräftigt die Bedeutung des darauf folgenden Wortes und verweist gleichzeitig auf eine Realität jenseits der Grenzen dieses Wortes (wie auch in transempirisch, transrational etc.).

Während die Bibel Gott in personaler Weise darstellt, benutzt sie gleichzeitig transpersonale Begriffe (wie Gottheit). Viele biblische Schlüsselbegriffe verwenden eine transpersonale Sprache, wie *arche*, *logos* und *energeia*; einige davon ähneln dem, was heute als Prinzip bezeichnet werden würde (*arche*), andere verweisen auf die Erfahrung von Kraft (*energeia*) und wieder andere kombinieren beide Dimensionen miteinander (*logos*). Und obwohl keiner dieser Begriffe einen personalen Charakter hat, kann doch jeder mit den unzähligen personalen Beschreibungen Gottes in der Bibel kombiniert werden. Die transpersonale Sprache der Bibel erinnert uns daran, dass wir Gott nicht auf die Ebene einer Person *reduzieren* und ihn damit zu einem Götzen machen dürfen.

Es ist interessant zu beobachten, wie Dietrich Bonhoeffer, der Gott so deutlich in personalen Kategorien beschrieb, immer mehr danach strebte, auch der transpersonalen Dimension Gottes auf die Spur zu kommen. In einem seiner Briefe aus der Haft schrieb er: „Gott begegnet uns nicht nur als Du, sondern auch ‚vermummt' im ‚Es', und in meiner Frage geht es also im Grunde darum, wie wir in diesem ‚Es' (‚Schicksal') das ‚Du' finden"[2]. In dieser verdichteten Aussage ist jedes Element von Bedeutung:

- Gott begegnet uns als Person („Du").
- Gott begegnet uns auf nicht-personale Weise („Es").
- Die Herausforderung besteht darin, beide Perspektiven „zusammenzudenken" (das „Du" im „Es" zu finden, d.h. das „Es" transpersonal zu deuten).

Für diejenigen, die bereits mit einem Verständnis von Gott als „Du" vertraut sind, kann die primäre Herausforderung darin bestehen, das „Es" im „Du" und nicht das „Du" im „Es" zu finden, da sie Gott ja bereits als Person kennengelernt haben. Jetzt begegnen sie ihm als Energie. Die zweite Erfahrung vertieft und erweitert die erste. Unnötig zu erwähnen, dass sie in beiden Fällen dem gleichen Gott begegnen. So wie Vollmond und Neumond nicht zwei verschiedene Himmelskörper sind, sondern Manifestationen der gleichen Realität, so sind der personale und der transpersonale Gott Manifestationen der gleichen göttlichen Wirklichkeit.

Was der Begriff „Person" kommunizieren soll

Der Begriff „Person" wird in der Bibel nicht ein einziges Mal verwendet, weder im Blick auf Gott noch im Blick auf Menschen. Zum ersten Mal begegnen wir ihm in den kontroversen Diskussionen der frühen Kirche über die Trinität. Mit anderen Worten, es gibt keinen zwingenden biblischen Grund, diesen Begriff für Gott zu verwenden. Vielmehr müssen wir danach fragen, was dieser Begriff ausdrücken soll, und dies sind zweifellos grundlegende Bestandteile einer christlichen Gotteslehre. Sie alle weisen auf die Überzeugung hin, dass Gott bereit und willens ist, eine Beziehung zum Menschen einzugehen. Der Begriff „Person" drückt unter anderem Folgendes aus:

- Der Gott der Bibel ist ein Gott, der sich um die Welt kümmert. Er sorgt für die Menschen. Kräfte mögen uns durchdringen und Prinzipien mögen uns Orientierung geben, aber weder Kräfte noch Prinzipien lieben uns. Der biblische Gott liebt.
- Der Gott der Bibel ist ein Gott, der handelt. Er greift ein. Er hat die Schöpfung nicht lediglich mit Naturgesetzen ausgestattet, um die Vor-

Personal	Transpersonal
Herr, Vater	Gottheit
Gottes Namen	Namenlosigkeit
er/sie	es
Gott als Gegenüber	Gott in uns
Gebet	Meditation
Person	mehr als Person

Die Bibel beschreibt Gott sowohl in personalen als auch in transpersonalen Kategorien. Die Reduzierung Gottes auf einen dieser beiden Pole führt zwangsläufig zu einem unvollständigen Gottesbild.

gänge in Natur und Geschichte zu regulieren, sondern er ist in der von ihm geschaffenen Welt aktiv.

- Der Gott der Bibel ist ein Gott, mit dem wir reden können. Er hört zu. Menschen können mit Gott ins Gespräch kommen. Das ist mehr als nur Meditation. Meditation kann ein hilfreicher mentaler Zustand sein, in den Menschen eintreten, wenn sie zu Gott beten, aber es ist nicht dasselbe wie Gebet. Gebet ist ein Dialog mit einem „Du", das zuhört, sich kümmert und handelt.

Die obige Tabelle zeigt eine Reihe von Merkmalen, die eine personale und eine transpersonale Sichtweise Gottes einander gegenüberstellen. Einmal mehr müssen wir uns in Erinnerung rufen, dass es sich nicht um ein Entweder-oder, sondern um ein Sowohl-als-auch handelt. Die Reduzierung unseres Gottesbildes auf eine der beiden in der Tabelle dargestellten Seiten führt unweigerlich zu einem unvollständigen und damit unbiblischen Gottesbild.

Ein gemeinsamer Nenner für Christen und Nichtchristen

Im Laufe der Geschichte des Christentums wurde stets die personale Dimension Gottes in den Vordergrund gestellt – in manchen Fällen sogar bis hin zum Ausschluss jedweder Hinweise auf eine transpersonale Sichtweise. Das Christentum wäre gut beraten, auch in Zukunft die personale Dimension Gottes zu betonen, da sie unverzichtbare Wahrheiten zum Ausdruck bringt, die für alle Menschen zu allen Zeiten von höchster Relevanz sind. In der nächsten Phase des Christentums ist es jedoch unerlässlich, die Aufmerksamkeit ebenso auf die transpersonale Dimension zu lenken, die insbesondere durch Gottes Energie zum Ausdruck kommt. Auf diese Weise wird ein gemeinsamer Nenner von Christen und Nichtchristen sichtbar. Beide können Gott als Energie erleben, auch wenn keiner von ihnen auf den Gedanken kommen mag, seine jeweiligen Erfahrungen mit Gott in Verbindung zu bringen. Der Dialog über diese Erfahrungen kann sowohl für Christen (die vielleicht noch nicht mit der biblischen Lehre über Gottes Energie in Berührung gekommen sind) als auch für diejenigen, die dem Christentum skeptisch gegenüberstehen (vielleicht weil sie nie verstanden haben, dass ihre gegenwärtige – wenn auch unvollständige – transpersonale Sicht biblisch valide ist), fruchtbar sein. Als Ergebnis eines solchen Gesprächs können beide Gruppen entdecken, dass es hinter der Energie, die sie erleben, einen liebenden und aktiven Gott zu entdecken gibt, der persönlich im Gebet angesprochen werden kann.

Interessant ist, dass dieser gemeinsame Nenner von Christen und Nichtchristen in *geistlichen* Erfahrungen besteht. Gegenwärtig herrscht die Vorstellung vor, dass Christen und Nichtchristen zwar viele Dinge gemeinsam haben, aber ihre geistliche Erfahrung der primäre Bereich sei, in dem sie sich unterscheiden. Eine transpersonale Sicht Gottes schafft indessen eine gemeinsame Basis, die dezidiert geistlicher Natur ist. Während die *Interpretation* der eigenen Erfahrung unterschiedlich ausfallen kann, ist die Erfahrung selbst in unzähligen Fällen die gleiche.

Es könnte sein, dass der christliche Gesprächspartner in einem Dialog genauso viel oder sogar mehr vom Nichtchristen lernt (z.B. im Bereich der transpersonalen Dimension Gottes) wie der Nichtchrist vom Christen (z.B. im Blick auf die Integration transpersonaler und personaler Erfahrungen). Auf jeden Fall werden solche Dialoge Prozesse des gegenseitigen Lernens sein, die auf Augenhöhe stattfinden, frei von jener herablassenden Haltung, wie sie für manche evangelistische Ansätze in der Vergangenheit kennzeichnend war.

Sind Sie Gott bereits als einem Freund begegnet, der Sie liebt, Ihnen zuhört, mit Ihnen spricht und sich für Ihr Wohlergehen interessiert? Wunderbar! Dann könnte der nächste Wachstumsschritt darin bestehen, Gottes transpersonaler Seite auf die Spur zu kommen. Sind Sie bereits mit der Energie Gottes vertraut, die Sie durchdringt, bevollmächtigt und verwandelt? Dann kann es jetzt an der Zeit sein, diesen Erfahrungshorizont zu erweitern, indem Sie der persönlichen Seite Gottes begegnen. Wer den Kontakt mit Gott aus der Perspektive der Komplementarität angeht, muss nicht befürchten, etwas zu verlieren, das für ihn oder sie im Blick auf Gott in der Vergangenheit wertvoll gewesen ist. Vielmehr bringen wir unsere bisherigen Gotteserfahrung in Einklang mit dem Reichtum, den die Bibel uns anbietet.

Eine vertiefte Auseinandersetzung mit diesen Fragen finden Sie in Band 2 der Energie-Trilogie.

Ist das eine Bekehrung? Für einige mag es das sein. Für andere ist es einfach ein dringend benötigtes „Upgrade“ ihres christlichen Glaubens.

Kapitel 6: Unterschiedliche geistliche Stile fördern

***These 6:** Einer der Hauptgründe für zunehmende Unzufriedenheit mit bestehenden Gemeinden ist ein mangelndes Bewusstsein dafür, dass Menschen unterschiedliche geistliche Stile haben. Die Blindheit gegenüber dieser Tatsache hat möglicherweise mehr Menschen der Kirche entfremdet als der Säkularismus oder die Anziehungskraft nicht-christlicher religiöser Angebote.*

Sind Sie jemals einem Christen begegnet, der aufrichtig daran interessiert war, Ihnen dabei zu helfen, Ihren persönlichen geistlichen Stil ausfindig zu machen? Hat Ihnen jemals jemand angeboten, mit Ihnen gemeinsam zu entdecken, wie Sie am natürlichsten mit Gott in Verbindung treten können? Oder ist Ihre Erfahrung nicht vielmehr, dass die meisten Christen von den Wegen, die für sie selbst am besten funktionieren, so sehr überzeugt sind, dass sie daraus schließen, dass diese auch für alle Anderen die bestmöglichen Wege seien?

Nach meiner Einschätzung ist fehlende Sensibilität gegenüber verschiedenen geistlichen Stilen einer der Bereiche, in denen im Christentum der größte Reformbedarf besteht. Die gute Nachricht ist, dass eine solche Reform relativ einfach umzusetzen ist und gleichzeitig eine wunderbare Lernerfahrung beinhaltet, die den meisten Beteiligten außerdem noch viel Freude macht.

Warum sich Menschen aus Gemeinden zurückziehen

Die meisten kirchlichen Leiter sind sich gar nicht bewusst, wie groß die Kluft ist, die zwischen der Zahl der Menschen besteht, die angeben, irgendwann einmal Christen geworden zu sein und mit dem Besuch einer Gemeinde begonnen zu haben, und denen, die einige Jahre später noch aktive Mitglieder sind. Alle Forschungen zu diesem Thema, die mir bekannt sind, deuten darauf hin, dass viele Menschen, die ihre christliche Reise mit hohen Erwartungen beginnen, schon nach relativ kurzer Zeit das geistliche Leben ihrer Gemeinde nicht als etwas empfinden, das ihnen hilft, sich kontinuierlich weiterzuentwickeln.

Einige dieser Menschen mögen sich am Ende als „schlechte Christen" betrachten. Andere werden überzeugt sein, dass der christliche Glaube, obwohl er einige positive Eigenschaften haben mag, nicht wirklich ihre Sache ist. Wieder andere mögen sich zwar weiterhin zur Gemeinde halten, haben sich aber im Grunde innerlich aus dem Gemeindeleben verabschiedet. Sie ertragen es mehr als es zu genießen oder darin aufzugehen. Oder aber sie halten Ausschau nach einer anderen Gemeinde, von der sie sich erhoffen, dass sie besser zu ihnen passt.

Das Traurige an der ganzen Sache ist, dass unzählige Menschen nicht deshalb dem Christentum den Rücken kehren, weil sie etwa von Gott enttäuscht wurden, sondern weil ihnen schlicht niemand geholfen hat, einen Weg zu finden, mit Gott in einer Weise in Kontakt zu treten, der ihrer gottgegebenen Einzigartigkeit entspricht. Wenn Menschen versuchen, ihre Spiritualität auf eine Weise auszudrücken, die nicht zu ihrem geistlichen Stil passt, fühlen sie sich unnatürlich, unauthentisch, irgendwie „plastikhaft" – als würden sie eine Rolle spielen und nicht mehr sie selbst sein. So gut wie nie steht dann jemand auf, der dieses Gefühl des Unbehagens damit erklärt, dass es die natürlichste Sache der Welt ist, dass unterschiedliche Menschen unterschiedliche geistliche Stile haben.

„Warum berührt mich die Spiritualität meiner Gemeinde nicht wirklich, während Andere total davon hingerissen sind?"

Es gibt viele Gründe, warum Menschen die Gemeinde verlassen, und diese Gründe sind ganz sicher nicht ausschließlich auf Unsensibilität gegenüber geistlichen Stilen zurückzuführen. Menschen können sich zurückziehen, weil sie die Gemeinde als lieblos erlebt haben, weil es einen theologischen Konflikt gab, weil die Gemeinde nicht ihren familiären Bedürfnissen entspricht, oder aufgrund unzähliger anderer Faktoren.

Aber auch in diesen Fällen ist es ratsam, einen Blick hinter die Kulissen zu werfen. Könnte es nicht sein, dass das, was man als „lieblos" empfindet, mehr mit einer Unsensibilität gegenüber unterschiedlichen Zugängen zu Gott zu tun hat? Könnte es nicht sein, dass hinter dem theologischen

Konflikt in Wahrheit ein Konflikt gegensätzlicher geistlicher Stilen steckt, der auf eine theologische Ebene projiziert und dort ausgetragen wird? Und könnte es nicht sein, dass die Unvereinbarkeit von Gemeinde und eigener Familiensituation etwas damit zu tun hat, dass jedes einzelne Familienmitglied seinen eigenen geistlichen Stil hat und es unrealistisch wäre zu erwarten, dass das, was für ein Familienmitglied ansprechend ist, die anderen in gleicher Weise berührt?

Geistliche Stile als Sprachen

Ein geistlicher Stil darf nicht mit der theologischen Position bzw. Überzeugung eines Menschen verwechselt werden. Der einfachste Weg zu verstehen, worum es bei geistlichen Stilen geht, ist der, sie als eine Art „geistliche Muttersprache" zu betrachten. Sprachen haben ihr jeweils eigenes Vokabular, ihre eigene Grammatik, ihre eigene Syntax und darüber hinaus eben jene besondere Art des Denkens, die nun einmal untrennbar mit Sprache verbunden ist und die sich uns nur dann erschließt, wenn wir die entsprechende Sprache wirklich beherrschen. Geistliche Stile funktionieren in gleicher Weise.

Die wichtigste Analogie zwischen natürlichen und geistlichen Sprachen ist vermutlich diese: Jeder von uns (mit Ausnahme derer, die vollständig zweisprachig aufgewachsen sind) hat nur eine einzige Muttersprache – und darüber hinaus die Möglichkeit, sich mit unzähligen anderen Sprachen zu beschäftigen und diese vielleicht sogar einmal recht gut zu beherrschen. Aber der eigene Akzent wird fast immer verraten, was die eigene Muttersprache ist.

Das Gleiche gilt für geistliche Stile. Jeder Christ hat einen natürlichen Stil, kann sich aber bemühen, sich mit anderen Stilen zu beschäftigen. Wir müssen verstehen, dass keine Sprache und kein geistlicher Stil „rein logisch" funktioniert. Es gibt Regeln – und es gibt unzählige Ausnahmen zu den Regeln. Vieles ist aus Regeln überhaupt nicht zu erschließen. Man lernt es durch ständiges Hören, Nachmachen, durch Versuch und Irrtum. Mathematisches Lernen und Sprachenlernen haben nur wenig miteinander gemein.

Sprachen sind historisch gewachsen und umfassen verschiedene, divergierende, einander bisweilen widersprechende Elemente. Vieles ist dabei krass unlogisch, manches könnte man – mittels einer Sprachreform – mit Leichtigkeit verändern bzw. vereinfachen. Aber derartige Reformen werden so gut wie nie gelingen. Die Muttersprachler werden Himmel und Hölle in Bewegung setzen, damit die eigene Sprache genau so unlogisch, so widersprüchlich, so schwierig bleiben darf wie sie ist, weil sie sie gar

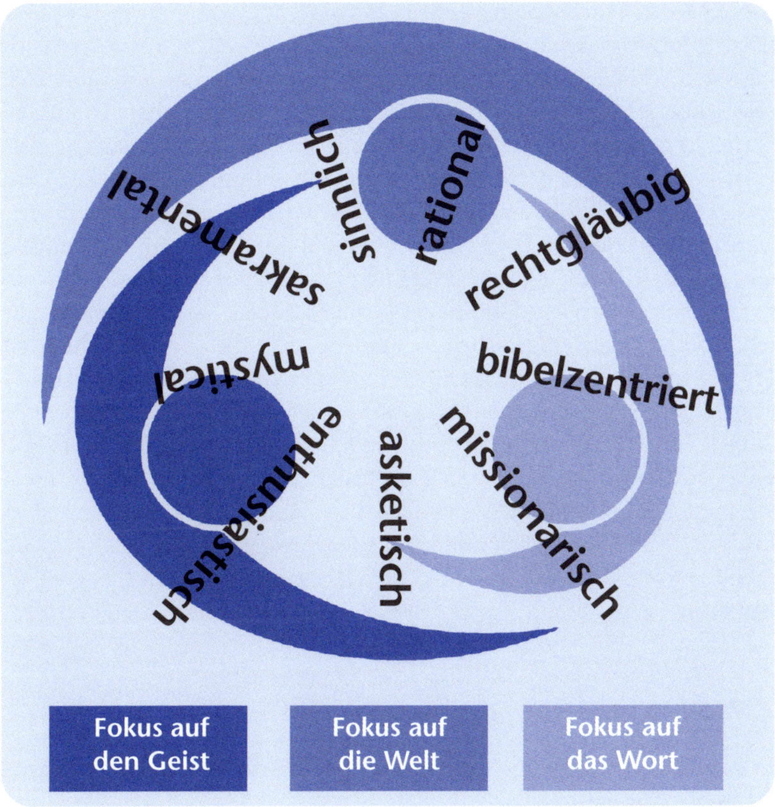

Diese Grafik zeigt neun geistliche Stile, die die vielfältigen Möglichkeiten zum Ausdruck bringen, wie Menschen am besten mit Gott kommunizieren. Die Position der jeweiligen Begriffe innerhalb des Diagramms ist dabei wichtiger als die Namen der einzelnen Stile. Es gibt benachbarte Stile, weiter von der eigenen Spiritualität entfernte Stile und gegenüberliegende Stile (zwei pro Stil). Während es für jeden Menschen wichtig ist, die eigene Spiritualität entsprechend seinem jeweiligen Stil auszudrücken, ist die Interaktion mit den anderen Stilen ein Schlüssel zur Entwicklung geistlicher Reife.

nicht als unlogisch empfinden. Sie fühlen sich genau darin „zu Hause“. Ihre Sprache vermittelt ihnen Sicherheit, vielleicht sogar Identität.

Genauso wie man sich seine Muttersprache nicht aussuchen kann, sucht man sich seinen geistlichen Stil nicht aus. Man findet ihn vor. Es ist die einzige Sprache, die man völlig akzentfrei sprechen wird.

In unserer Forschung haben wir verschiedene Wege studiert, wie Menschen mit Gott kommunizieren. Ich habe unsere Einsichten in einer Typologie von neun geistlichen Stilen zusammengefasst: sinnlicher, rationaler, rechtgläubiger, bibelzentrierter, missionarischer, asketischer, enthusiastischer, mystischer und sakramentaler Stil (siehe Diagramm auf der vorherigen Seite). Jeder der neun Stile kann sich auf unterschiedliche Weise manifestieren. Alle diese Variationen haben jedoch einen klar erkennbaren gemeinsamen Nenner. Jeder Ausdruck von Spiritualität kann mit mindestens einem der neun Stile in Verbindung gebracht werden.

Wann immer Menschen die Möglichkeit haben, ihre Spiritualität ihrem geistlichen Stil entsprechend auszudrücken, fühlen sie sich zu hundert Prozent natürlich, authentisch und lebendig. Jeder Christ hat einen einzigartigen geistlichen Stil, aber nur sehr wenige von uns wissen, was dieser Stil ist. Einige leben vielleicht bereits in Übereinstimmung mit ihrem Stil, ohne jemals darüber nachgedacht zu haben. Andere leben im Gegensatz zu ihrem Stil, ohne sich dessen bewusst zu sein. Nur sehr wenige denken bewusst über die speziellen Charakteristika ihres geistlichen Stils nach und setzen ihn in Beziehung zu den in ihrer Umgebung vorherrschenden Stilen. Dabei wäre das ein wunderbarer Weg, Prozesse des kontinuierlichen Wachstums in Bewegung zu setzen.

Zwei Stufen des Lernens

In unseren Arbeitsmaterialien zu geistlichen Stilen unterscheiden wir zwei Stufen des Lernens:

- Auf *Stufe A* entdecken Sie Ihren eigenen Stil und lernen, im Einklang mit ihm zu leben. In dieser Phase ist es in der Regel hilfreich, sich mit Menschen zu umgeben, die den gleichen Stil oder zumindest einen benachbarten Stil haben (siehe Grafik auf der vorherigen Seite). So wie Menschen ihre Muttersprache lernen, ohne dass sie Vokabeln, Grammatik und Aussprache büffeln müssten, brauchen sie auch ihren eigenen geistlichen Stil nicht zu „lernen“. Er fällt ihnen zu. Sie müssen jedoch Möglichkeiten finden, ihn auszuleben. Das Lernen auf Stufe A ist oft mit „Heureka“-Erfahrungen verbunden, insbesondere dann, wenn der eigene Stil in der Vergangenheit unterdrückt wurde. Während diese Entdeckungsphase unerlässlich ist, kann geistliches Wachstum nur dann gelingen, wenn irgendwann die nächste Stufe erreicht wird.
- Auf *Stufe B* interagieren Sie bewusst mit Menschen, die andere Stile haben als Sie selbst. Sie werden feststellen, dass die Auseinandersetzung mit Stilen, die Ihrer eigenen Erfahrung derzeit fremd sind, Ihnen helfen

kann, Ihr volles geistliches Potenzial zu entfalten. Das Ziel dieser Prozesse ist keineswegs, Ihrem eigenen geistlichen Stil abzuschwören oder zu einem anderen Stil zu wechseln, sondern vielmehr, Ihren eigenen Stil reifen zu lassen und ihn zu erweitern. Wenn z.B. Ihr eigener Stil der enthusiastische Stil ist und Sie sich mit dem rationalen Stil auseinandersetzen, geht es nicht darum, dass Sie am Ende Gott auf die gleiche Weise erleben wie jemand, der den rationalen Stil hat. Vielmehr besteht das Ziel darin, Aspekte des rationalen Stils in Ihren eigenen geistlichen Stil zu integrieren. Die in der Grafik dargestellten „gegenüberliegenden Stile“ können Ihnen helfen, Einseitigkeiten und mögliche Gefahren in Ihrem eigenen Stil zu erkennen.

Der Nutzen gegenseitigen Lernens

Durch Seminare über geistliche Stile und persönliches Coaching hatte ich die Möglichkeit, mit Hunderten von Einzelpersonen sowohl auf Stufe A als auch auf Stufe B zu arbeiten. Nachdem Menschen ihre jeweiligen Stile entdeckt haben, lasse ich sie sich kreisförmig entsprechend des Diagramms auf Seite 79 aufstellen. Dann ermutige ich sie, auf einen Vertreter eines der Stile zuzugehen, der ihrem eigenen Stil gegenüberliegt, und dieser Person die folgenden Fragen zu stellen bzw. sie sich von ihr stellen zu lassen:

- Was ist für dich das Besondere an deinem geistlichen Stil? Auf welche Weise hilft er dir, mit Gott zu kommunizieren? Kannst du konkrete Beispiele nennen?
- Was sind deine ehrlichen spontanen Gefühle im Blick auf deine gegenüberliegenden Stile (z.B. den Stil, den ich selbst vertrete)? Findest du diese attraktiv? Neutral? Beinhalten sie etwas, dem du selbst aus dem Weg zu gehen suchst?
- Welche potenziellen Gefahren oder Einseitigkeiten siehst du im Bereich deines geistlichen Stils? Kannst du Beispiele dafür nennen, wie sich diese in deinem Leben zeigen?
- Auf welche Weise könnte dir die Interaktion mit deinen entgegengesetzten Stilen helfen, diese Schwächen zu überwinden? Was sollte getan werden, damit dies geschehen kann?
- Auf welche Weise können wir uns gegenseitig dabei helfen, Wachstum zu erleben?

Wenn ich diese Übung im Rahmen einer interkonfessionellen Konferenz durchführe, werde ich im Vorfeld in aller Regel gewarnt. Mir wird gesagt, dass dann, wenn Menschen, die geistlich so unterschiedlich geprägt sind, über diese Themen sprechen, dies unweigerlich zu Konflikten führen werde oder sogar dazu, dass einige Teilnehmer die Konferenz verlassen. Tatsache ist jedoch, dass bei keinem einzigen der rund 800 Personenpaare, mit denen ich die Übung bisher gemacht habe, es zu einem Konflikt gekommen ist. Im Gegenteil, die meisten Menschen mögen die Übung sehr und lernen viel daraus. Eine wunderbare Nebenwirkung dieser Art des Lernens ist, sowohl unsere intellektuellen als auch emotionalen Muskeln in einer Weise zu trainieren, dass wir die gleichen Strategien auch auf andere Lebensbereiche übertragen können (z.B. im Blick auf kulturelle Unterschiede, verschiedene Persönlichkeitstypen, politische Orientierungen und sogar unterschiedliche Religionen). Der *Spiritual Style Test* wurde so konzipiert, dass er von allen Menschen, die geistlich neugierig sind, genutzt werden kann, ganz gleich, was sie als ihre religiöse Heimat betrachten mögen[1].

Für mich besteht der wichtigste Nutzen dieser Art des gegenseitigen Lernens in den folgenden Punkten:

- Erstens erweitert es die Möglichkeiten, den eigenen Glauben zu erleben und auszudrücken. Während Gott auf allen neun Kanälen „sendet", haben wir in der Regel nur einen oder zwei dieser Kanäle auf „Empfang" gestellt. Für uns scheinen die anderen Kanäle gar nicht zu existieren. In Wahrheit haben wir aber nur niemals gelernt, wie man sie „einschaltet". Je besser wir das lernen, desto mehr von Gott werden wir erleben.
- Zweitens vergrößert es Toleranz. Wenn man nur einen Stil kennt, wird man geneigt sein, diesen als *den* Zugang zu Gott zu sehen und zu vermuten, dass andere Christen – mit anderen Stilen – möglicherweise keine authentischen Erfahrungen mit Gott machen. Prozesse des gegenseitigen Lernens vergrößern unseren Respekt gegenüber den Erfahrungen anderer Menschen.
- Drittens stärkt es unsere eigenen geistlichen Stile. Auch wenn wir zwischenzeitlich durch Phasen der Verunsicherung gehen mögen, am Ende stärkt die Auseinandersetzung mit dem Gegenpol die eigene Position. Diese Prozesse helfen uns dabei, durch die Augen von Anderen einen Blick auf uns selbst zu werfen. Wenn wir mit anderen Stilen interagieren, werden wir auf Schwächen und Einseitigkeiten unserer derzeitigen Gottesbeziehung aufmerksam und können in diesen Bereichen an uns arbeiten.
- Viertens trägt es zu psychischer Gesundheit bei. Zu den traurigsten Kapiteln in der Christenheit gehört das, was in der Psychologie als „ekklesiogene Neurosen" bezeichnet wird, d.h. psychische Krankheiten, die von der Gemeinde verursacht wurden. Bei genauerem Hinsehen stellt

sich heraus, dass viele – wenn auch längst nicht alle – dieser Neurosen damit zu tun haben, dass das geistliche Wachstum auf Stufe A stehengeblieben ist (sofern man Stufe A überhaupt je erreicht hat).

- Fünftens schützt es vor geistlicher Stagnation. Ein reger Geist und die Offenheit für neue Ideen hält uns geistig dynamisch. Das Alter an sich führt keineswegs dazu, dass unsere intellektuellen Fähigkeiten nachlassen, wohl aber eine mental rigide Haltung. Prozesse gegenseitigen Lernens aktivieren kontinuierliche Selbsterneuerung.

Anwendung auf die gesamte Kirche

Wir sollten geistliche Stile nicht mit der Tradition, Konfession oder Bewegung verwechseln, zu der wir gehören. Jede dieser Bewegungen kann einen oder mehrere geistliche Stile in den Vordergrund stellen, aber ihre Anhänger bzw. Mitglieder umfassen in nahezu allen Fällen alle neun Stile, auch wenn deren prozentuale Verteilung sich von Gruppe zu Gruppe stark voneinander unterscheidet.

Einige der aufschlussreichsten Erkenntnisse, die sich aus dem *Spiritual Style Test* ableiten lassen, treten in einem sogenannten „Gruppenprofil" zutage, das z.B. eine ganze Gemeinde, eine Gruppe von Gemeinden in einer bestimmten Region, Gemeinden einer ganze Diözese oder sogar des ganzen Landes umfassen kann. Die Lektionen, die sich aus dem Studium derartiger Profile lernen lassen, sind von unschätzbarem Wert. Sie geben Aufschluss über die geistliche Struktur einer bestimmten Gemeinschaft, die den weitverbreiteten Klischees über sie ein Ende macht (z.B. dass alle Pfingstler den enthusiastischen Stil hätten, alle Baptisten den bibelzentrierten Stil oder alle Mitglieder der Heilsarmee den asketischen Stil). Die empirisch feststellbare Realität stellt sich deutlich differenzierter dar.

Lassen Sie mich das Gesagte anhand eines Gruppenprofils von Pfingstgemeinden veranschaulichen. Während 29 Prozent aller Mitglieder von Pfingstkirchen den enthusiastischen Stil haben – was im Vergleich zu anderen Denominationen natürlich ein hoher Prozentsatz ist –, müssen wir gleichzeitig sehen, dass 71 Prozent aller Pfingstler (d.h. die überwältigende Mehrheit!) *andere* geistliche Stile hat. Auf Grund dieser Daten können wir mit gutem Recht sagen, dass es typisch für einen Pfingstler ist, *nicht* den enthusiastischen Stil zu haben. In anderen Denominationen können analoge Beobachtungen gemacht werden. Ihr jeweiliger theologischer Fokus kann dazu führen, dass sie mehr Menschen erreichen, deren Stil mit diesem Fokus übereinstimmt. Die Mehrheit ihrer Mitglieder hat jedoch in jedem einzelnen Fall andere Stile und benötigt Unterstützung in der jeweils eigenen Art, mit Gott zu kommunizieren. Und es muss hinzugefügt werden, dass innerhalb der Pfingstbewegung jede einzelne Gemeinde ihr unverwechselbares *Spiritual Style Profile* hat, das bisweilen eine nur geringe Verbreitung des enthusiastischen Stils aufweist. Die Durchschnittswerte auf weltweiter oder nationaler Ebene haben oft nur wenig mit der Situation einer ganz spezifischen Gemeinde zu tun.

Wenn ich mit kirchlichen Leitungsteams arbeite, zeige ich ihnen gerne die Profile der geistlichen Stile ihrer eigenen Gruppe und lasse sie über die folgenden Fragen diskutieren:

- Was sind auf Grundlage dieser empirischen Daten die Stärken und Schwächen Ihrer Konfession/Denomination/Bewegung? Was erklärt – historisch und theologisch – diese einseitige Tendenz?
- Glauben Sie, dass sich Menschen, die einen anderen Stil als die vorherrschenden Stile Ihrer Bewegung haben, von Ihrer Kirche gut unterstützt fühlen? Erläutern Sie Ihre Antwort.
- Was ist Ihre Politik gegenüber Mitgliedern, die einen geistlichen Stil haben, der sich von den in Ihrer Gruppe vorherrschenden Stilen unterscheidet? Erhalten diese Menschen Raum für das Ausleben ihres Stils? Werden sie angehalten, sich mit ihrem Stil zurückzuhalten? Sollten sie sich besser einer anderen Gemeinde anschließen?
- Glauben Sie, dass Sie in den Stilen wachsen müssen, die Ihren vorherrschenden Stilen gegenüberliegen, oder sehen Sie Ihre vorherrschenden Stile als etwas, das anderen Stilen überlegen ist? Erläutern Sie Ihre Antwort.
- Wie könnte Wachstum im Bereich Ihres am schwächsten entwickelten Stils im Kontext Ihrer Tradition/Struktur/Theologie am besten funktionieren?

Eine vertiefte Auseinandersetzung mit diesen Fragen finden Sie der Glaubens-Trilogie.

In solchen Gesprächen ist meine Aufgabe nicht, den Gruppen Antworten auf diese Fragen zu geben. Meine Aufgabe ist es vielmehr, darauf zu bestehen, dass die jeweiligen Gruppen ihre eigenen Antworten finden und daraus zielführende praktische Konsequenzen ziehen. Sie haben bereits Vertreter aller neun geistlichen Stile in ihren eigenen Reihen, die Ermutigung und Unterstützung brauchen, um im Glauben zu wachsen.

Die Frage ist allein: Wie gehen sie mit diesem Reichtum um?

Kapitel 7:
Die „Wir/Ihr"-Trennung überwinden

***These 7:** Viele christliche Gruppen neigen dazu, eine scharfe Grenze zwischen In-Group („Wir") und Out-Group („Ihr") zu ziehen. Diese Aufteilung hat Mauern geschaffen, die für Außenstehende nur schwer zu durchbrechen sind. Um jedoch ein starkes und gesundes „Wir" zu fördern, ist die „Wir/Ihr"-Denkweise gänzlich unnötig, ja meist sogar kontraproduktiv.*

Wenn ich mit Kirchen zusammenarbeite, kann ich regelmäßig beobachten, dass Christen um ihre Gruppen herum Grenzen ziehen, die letztlich als Barrieren fungieren. Gleichzeitig ist man überzeugt, dass man „Außenstehenden" gegenüber aufgeschlossen sei, sie akzeptiere und ihnen mit Liebe begegne. Die Barrieren werden von den Menschen, die sie aufrichten, meist gar nicht wahrgenommen.

Da jeder Mensch anders ist, neigen wir alle dazu, nach Bereichen Ausschau zu halten, in denen wir mit anderen etwas gemeinsam haben. Sobald solche Bereiche identifiziert wurden, ist der nächste Schritt, eine Grenze um unsere Gruppe zu ziehen, da wir davon überzeugt sind, dass die Konzentration auf dieses spezifische Merkmal (z.B. Nationalität, politische Überzeugung, Essgewohnheit oder Religion) die eigene Identität darstelle. Dieses Muster scheint ein menschliches Bedürfnis zum Ausdruck zu bringen. Es steht uns allerdings frei zu entscheiden, ob wir diese Grenzen als Barrieren betrachten wollen oder „als Orte des Dialogs und der Auseinandersetzung"[1], wie es der britische Theologe Alister McGrath – einer der wichtigsten Brückenbauer im derzeitigen Dialog zwischen Wissenschaft und Glaube – formuliert hat.

Es ist gesund, seine Identität zu kennen, was immer auch bedeutet, zu wissen, wer oder was man *nicht* ist. Das gilt sowohl für Einzelpersonen als auch für Gruppen. Wenn Sie Ihre Identität jedoch in erster Linie darin finden, Ihr „Wir" gegen ein „Ihr" zu positionieren – und Ihr „Wir" vielleicht sogar noch als „Gegen-Euch" verstehen –, schaffen Sie endlose Probleme. Eine solche Denkweise hat negative Auswirkungen sowohl auf Ihre eigene Gruppe als auch auf die Interaktion mit Menschen außerhalb dieser Gruppe:

- *Intern* wird Ihre Gruppe Schwierigkeiten haben, sich gesund zu entwickeln. Die „Wir/Ihr"-Spaltung kann nur aufrechterhalten werden, solange der Einzelne seinen eigenen „Schatten" nicht wahrnimmt, um es mit den Worten des Psychiaters C.G. Jung auszudrücken. Mit anderen Worten, die psychische – und damit unausweichlich auch geistliche – Gesundheit Ihrer Gruppe leidet.
- *Extern* werden Sie Schwierigkeiten haben, mit Menschen zu kommunizieren, die nicht zu Ihrem „Wir" gehören. Versuche, diese Menschen für die Ziele oder Werte Ihrer Gruppe zu gewinnen – was an sich etwas Legitimes ist –, funktionieren nur dann, wenn sich die Außenstehenden unterwerfen. Es findet kein authentisches Lernen auf Augenhöhe statt.

Diese Gesetzmäßigkeiten gelten universell, ob es sich nun um verschiedene politische Parteien (Linke versus Rechte), Kulturen (westlich versus nicht-westlich), Religionen (Christen versus Nichtchristen) oder Denominationen (Katholiken versus Protestanten) handeln mag. In jedem Fall besteht die Gefahr, dass das „versus" (das auf eine phänomenologische Unterscheidung hinweist) zunehmend als „gegen" (im Sinne von Feindseligkeit) interpretiert wird. Glücklicherweise führen die meisten dieser Konflikte nicht zu Gewalt, aber es versteht sich von selbst, dass sie einen Nährboden für – psychische und potentiell auch physische – Gewalt schaffen.

Die Gefahren einer binären Denkweise

Diese Haltung wird in starker Weise durch eine binäre Denkweise gefördert – entweder/oder, ja/nein, schwarz/weiß. Da es in einem binären Paradigma nur zwei Kategorien gibt, um die Gesamtheit der Wirklichkeit zu erfassen, muss alles in einer dieser beiden Kategorien untergebracht werden. Wenn etwas nicht in Kategorie A passt, ist es automatisch Teil von Kategorie B. Nach diesem Muster wird die ganze Welt kategorisiert – oben versus unten, innen versus außen, alt versus jung, gut versus böse, konservativ versus liberal, intelligent versus dumm. Wenn sich diese Tendenz verstärkt, kann die Fähigkeit, in Polaritäten zu denken (sowohl/als auch), die noch nie zu den Stärken westlicher Kultur gehörte, großen Schaden nehmen.

Dieses Denkmuster führt unweigerlich zu Überlegenheitsgefühlen, die manche Menschen fälschlicherweise mit einem gesunden Selbstbewusstsein verwechseln. Wenn Sie mit einer Person zu tun haben, die von diesem Denken geprägt ist, spüren Sie, dass Sie mit ihr keinen Dialog auf Augenhöhe führen können. Er oder sie ist der Belehrende, Sie sind der Belehrte. In einem solchen Umfeld ist selbst ein so wunderbarer Begriff wie „Lernen" nicht viel mehr als ein Platzhalterwort für „Kapitulation". In solchen Beziehungen gibt es keine wirkliche Gegenseitigkeit.

In seinem Klassiker über Fundamentalismus betont der Politikwissenschaftler Thomas Meyer, dass der Versuch an sich, die Meinungen anderer Menschen zu ändern, keineswegs als fundamentalistisch anzusehen sei, sofern er „mit der Bereitschaft gepaart ist, im Dialog auch die Selbstveränderung zu riskieren". Dagegen charakterisiert Meyer das Bestreben eines Menschen, „Umkehr" zu propagieren, die kein anderes Ziel hat, „als dass alle so werden wie er", als fundamentalistisch[2]. Im Gegensatz zu diesem wohlüberlegten Kriterium gibt es eine weitverbreitete Auffassung, es sei generell illegitim, die eigenen Ideen mit der Absicht zu propagieren, andere Menschen für diese Ansichten zu gewinnen. In diesem Paradigma werden Begriffe wie „Mission" oder „Evangelisation" in die gleiche Kategorie wie „Kreuzzug" oder „Inquisition" gestellt. Toleranz ist dann durch den Verzicht auf jedweden Versuch definiert, eine andere Person dazu einzuladen und ihr dabei zu helfen, von A nach B zu gelangen. Möglicherweise haben diejenigen, die diese Position vertreten, ausschließlich fundamentalistische Ansätze zur Verbreitung des Christentums vor Augen, so dass ihre Antihaltung verständlich ist. Aber es fällt auf, dass ihr Ansatz genauso einer binären Denkweise entspringt wie der Fundamentalismus derer, gegen die sie zu Recht Einspruch erheben. Alles, was nicht in die Box der evangelistischen Abstinenz passt, wird der Box der Intoleranz zugeordnet.

„Warum denken Christen, sie seien was Besseres?"

Gemeinsames Terrain ausfindig machen

Werfen Sie einen Blick auf das Diagramm auf der nächsten Seite. Jeder Mensch, ob Christ oder nicht, hat etwas mit anderen Menschen gemeinsam (Mitte des Diagramms), während es gleichzeitig andere Bereiche gibt, in denen sich die beiden Personen unterscheiden (die Bereiche der beiden Kreise, die sich nicht überschneiden). Das ist völlig normal. Es gilt nicht nur für den Dialog zwischen Atheisten und Christen, sondern auch zwischen zwei unterschiedlichen Christen, zwischen Mann und Frau, und es gilt sogar zwischen eineiigen Zwillingen.

Das Geheimnis eines Gesprächs, das nicht auf Unterwerfung zielt, besteht darin, zunächst einmal Gemeinsamkeiten ausfindig zu machen,

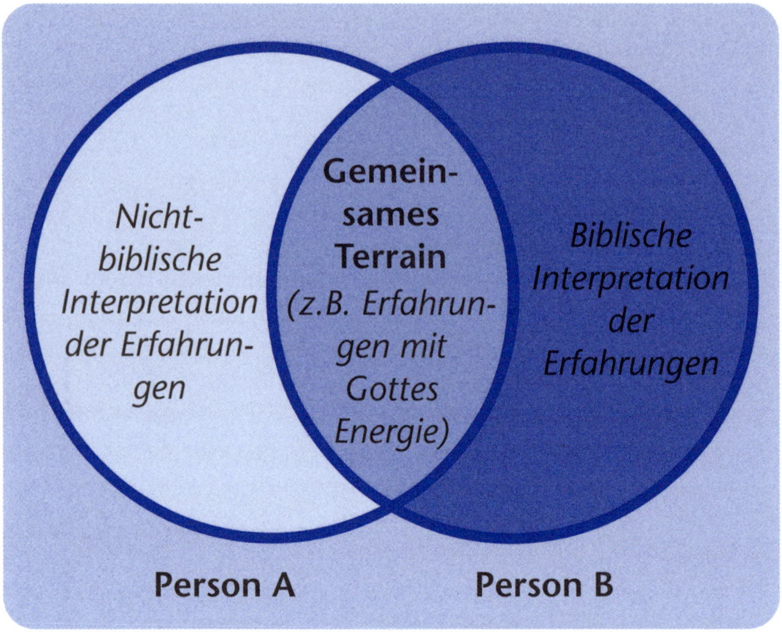

Gemeinsamkeiten und Unterschiede zwischen zwei Personen: Wann immer Menschen mit unterschiedlichen Überzeugungen miteinander kommunizieren, ist es wichtig, diese Aspekte im Auge zu behalten.

sowohl im Blick auf das, was den Gesprächspartnern gefällt, als auch auf das, was ihnen nicht gefällt. Ob Sie mit einem Vertreter einer anderen Kultur, einer anderen politischen Orientierung oder einer anderen religiösen Überzeugung sprechen, Sie können, wenn Sie dazu bereit sind, immer viele Dinge entdecken, die Sie mit dieser Person gemeinsam haben.

In Gesprächen zwischen Christen und Nichtchristen ist es wichtig zu verstehen, dass diese Gemeinsamkeiten eine Reihe von spirituellen Erkenntnissen bzw. Erfahrungen einschließen können. Jeder von uns kann Gottes Energie erleben. Die Art und Weise, wie wir diese Erfahrungen interpretieren, kann unterschiedlich sein. Sowohl Erfahrung als auch Interpretation sind wichtig, da sie sich gegenseitig beeinflussen. Im Mittelpunkt steht jedoch die gemeinsame Erfahrung. Unterschiedliche – auch widersprüchliche – Interpretationen stehen außerhalb dieses Zentrums. Diese Erkenntnis ist ein hilfreicher Ausgangspunkt für einen Prozess des gegenseitigen Lernens, im Unterschied zu aggressiven Kämpfen auf der einen Seite oder bloßer politisch-korrekter Nettigkeit auf der anderen Seite.

DIE „ICH BIN"-FALLE

Als ich kürzlich einen Coachee aus den USA bat, seine persönlichen Überzeugungen zu beschreiben, schrieb er mir: „Ich bin ein Calvinist, Zionist, Republikaner und Presbyterianer." Mir geht es in diesem Zusammenhang nicht darum, mich mit seinen vielfältigen Überzeugungen auseinanderzusetzen, sondern lediglich darum, auf die beiden so unscheinbar erscheinenden Worte „Ich bin" hinzuweisen. Was könnte eine alternative Art sein, das eigentliches Anliegen auszudrücken?

- Anstatt zu sagen: „Ich bin Calvinist", könnte er sagen: „Ich habe in meiner theologischen Ausbildung gelernt, dass Gott jeden Menschen entweder für den Himmel oder für die Hölle prädestiniert hat, und obwohl ich gelegentlich mit dieser Ansicht gehadert habe, bin ich von diesem Teil der Lehre Calvins weiterhin überzeugt."
- Anstatt zu sagen: „Ich bin Zionist", könnte er sagen: „Wenn es um den Palästina-Konflikt geht, stelle ich mich in aller Regel auf die Seite der jüdischer Nationalisten, während ich die Ansichten arabischer Nationalisten rigoros ablehne."
- Anstatt zu sagen: „Ich bin Republikaner", könnte er sagen: „Bei den letzten Wahlen habe ich für den republikanischen Kandidaten gestimmt, da ich seine Konkurrenzkandidatin nicht ausstehen kann."
- Anstatt zu sagen: „Ich bin Presbyterianer", könnte er sagen: „Als junger Mann bin ich von der episkopalen zur presbyterianischen Kirche gewechselt. Seitdem bin ich bei den Presbyterianern geblieben, weil ich mich in den meisten Fällen recht gut bei ihnen aufgehoben fühle."

Sind das nicht nur Spielereien mit Worten und Begriffen? Durchaus nicht. Es steckt definitiv mehr dahinter. Wann immer wir sagen: „Ich bin", sind wir überzeugt, über unsere Identität zu sprechen. Wenn jemand eine andere Ansicht hat, können wir sie nicht als das verstehen, was sie ist, nämlich eine andere Ansicht. Vielmehr verstehen wir sie als Ablehnung dessen, was wir sind, als Attacke auf unsere Identität, als einen Angriff auf uns als Mensch. Mit dieser Denkweise fühlen wir uns durch gegensätzliche Ansichten unweigerlich bedroht. Dieser Mechanismus schafft eine Barriere zwischen uns und Menschen, die andere Ansichten vertreten. Wenn wir mit ihnen „reden" (genauer gesagt: mit ihnen kämpfen), besteht eine große Wahrscheinlichkeit, dass diese Barriere nicht verschwindet, sondern sogar noch verstärkt wird.

Wann immer meine Coachees eine „Ich bin"-Aussage machen (z.B. „Ich bin unglaublich faul"), bitte ich sie in der Regel, diesen Satz unter Beachtung zweier Kriterien in andere Worte zu übersetzen:

- Erstens: Drücke das Ganze in Kategorien aus, was du *denkst* oder *tust*, nicht was du *bist*. Versuche, anstelle von Substantiven oder Adjektiven Verben zu benutzen.
- Zweitens: Beziehe dich auf eine konkrete Zeit, in der dieser Gedanke dir in den Sinn kam bzw. in der du dich so verhalten hast.

Nach dieser Anleitung kann die Aussage „Ich bin unglaublich faul" umgewandelt werden in: „Letzten Dienstagabend, als ich meine Coaching-Hausaufgaben erledigen sollte, habe ich mich entschieden, etwas Anderes zu tun." Die erste Aussage besagt: „Das ist meine Identität", was auch bedeutet, dass es unwahrscheinlich ist, sich zu ändern, oder dass es sogar falsch wäre, sich zu ändern. Die zweite Aussage besagt dagegen: „Das war mein Verhalten letzte Woche." Das kann bedeuten: „Ich bin gespannt, wie ich mich nächste Woche verhalten werde – mit all den neuen Erkenntnissen, die mir mittlerweile zugewachsen sind."

Ich habe bewusst ein Beispiel gewählt, in dem ein Mensch sich in einem ungünstigen Licht darstellt (allerdings mit der Absicht, sich selbst zu rechtfertigen und mit dem eigenen fragwürdigen Verhalten fortzufahren). Es ist leicht zu erkennen, wie dasselbe Denkmuster noch kontraproduktiver wäre, wenn das „Ich bin" mit etwas verbunden wird, das wir als positiv bewerten und von dem wir erwarten, dass alle andere Menschen es imitieren müssten. Die „Ich bin"-Mentalität hat eine starke Affinität zu einer Haltung der Intoleranz.

Unterschiedliche Stimmen in uns

Die „Ich bin"-Sprache geht davon aus, dass jeder Mensch eine homogene Einheit sei mit lediglich *einer* eindeutig identifizierbaren Identität. Aber das ist nicht der Fall. Es gibt eine Fülle unterschiedlicher Stimmen, die sich in jedem von uns bemerkbar machen. Der Unterschied besteht nicht zwischen den Menschen, in denen sich verschiedene Stimmen regen, und solchen, bei denen das nicht der Fall ist. Der Unterschied besteht vielmehr zwischen denen, die diese Stimmen wahrnehmen, und denen, die sie nicht wahrnehmen. Die Neigung, sich dieser Art von Selbsterkenntnis zu entziehen, wird durch die „In-Group/Out-Group"-Mentalität, mit der wir uns eben beschäftigt haben, verstärkt. Wir alle neigen dazu, diejenigen Realitäten in uns zu unterdrücken, die nicht zum Idealbild von unserer Gruppe bzw. von uns selbst passen. Das wiederum untergräbt unsere Fähigkeit, unsere eigenen Schattenseiten wahrzunehmen. Auf diese Weise werden wir noch kritischer gegenüber denen, die die gleichen Schwächen haben wie wir.

Helmut Gollwitzer, einer der Mitstreiter Dietrich Bonhoeffers und einer meiner langjährigen geistlichen Mentoren, erklärte mir, dass er im Umgang mit Nichtchristen keine Schwierigkeiten habe, Positionen des Unglaubens zu verstehen, da „es einen Teil von mir gibt, der auch ein Ungläubiger ist". Für Gollwitzer verläuft die Trennlinie zwischen Glaube und Unglaube nicht zwischen zwei Personen (dem Christen hier und dem Nichtchristen dort), sondern direkt durch das Herz jedes Menschen. Die Frage ist also, welche der inneren Stimmen, die in uns kämpfen, am Ende die Oberhand gewinnen wird. An dieser Stelle treffen Christen und Nichtchristen unterschiedliche Entscheidungen.

Das Bewusstsein, dass es in uns allen unterschiedliche Stimmen gibt – ein Pazifist mag gewalttätige Stimmen wahrnehmen, ein Atheist religiöse Stimmen und ein Christ ketzerische Stimmen –, ermöglicht es uns, uns zuerst einmal mit den ungeliebten Stimmen zu identifizieren, indem wir sie schlicht wahrnehmen („Diese Stimme ist Teil von *mir*"), und uns dann von ihnen zu distanzieren („Sie ist nur ein *Teil* von mir"). Diese Gesetzmäßigkeit wird in der Grafik auf der nächsten Seite dargestellt. Sobald Sie gelernt haben, diese beiden Schritte zu befolgen und sich zwischen ihnen hin und her zu bewegen, haben Sie einen Schlüssel zu Einsichten über sich selbst erworben, die Sie zuvor nicht zugeben konnten (und vielleicht nicht einmal wahrgenommen haben), weil Sie sich selbst als eine homogene Einheit empfanden.

Wenn jemand sagen würde: „Christian, du bist ein stolzer Mensch", würde ich sofort defensiv reagieren. Ich hätte das Gefühl, dass die Charakterisierung meiner gesamten Person als „stolz" mir nicht gerecht würde. Es gibt so viele authentisch demütige und dienende Gedanken und Gefühle in mir, dass es mir schwerfiele, die Gesamtcharakterisierung „Christian = stolz" zu akzeptieren.

Und doch gibt es in mir stolze *Stimmen*, und es gibt viele davon. Aber sobald ich sie als „Stimmen in mir" betrachte, habe ich keine Schwierigkeiten mehr, sie anderen Menschen gegenüber einzugestehen. Diese Stimmen sind Teil von *mir* – aber sie sind nur ein *Teil* von mir. Andere Stimmen, die ich in mir identifizieren kann, sind weitaus weniger hässlich, und einige sind sogar richtig sympathisch. Das Bewusstsein für verschiedene innere Stimmen in mir macht es mir relativ leicht, mich mit anderen Menschen zu identifizieren, die ähnliche Stimmen wie ich wahrnehme. In diesem Bereich gibt es keine Trennlinie zwischen uns.

Diese Grafik verdeutlicht die beiden grundlegenden Schritte der Identifikation (dunkelblaue Box) und der Desidentifikation (hellblaue Box). Man kann durchaus anerkennen, dass es eine bestimmte Stimme in einem gibt (Identifikation), aber diese innere Stimme definiert nicht unbedingt, wer man als Person ist (Desidentifikation).

Gegenseitiges Mentoring mit Dietrich Bonhoeffer

Eines der wichtigsten Prinzipien, die wir von Dietrich Bonhoeffer lernen können, ist seine konsequente Haltung, Menschen auf Augenhöhe zu begegnen, ein Prozess, in dem beide Personen voneinander lernen und sich gegenseitig herausfordern. In den letzten Jahren seines Lebens, als er den Großteil seiner Zeit entweder in konspirativen Aktivitäten oder im Gefängnis verbrachte, bestand Bonhoeffers primäres Beziehungsnetz nicht wie zuvor aus Kirchenleuten, sondern aus Nichtchristen.

In einem seiner Briefe aus dem Gefängnis schrieb er: „Oft frage ich mich, warum mich ein ‚christlicher Instinkt' häufig mehr zu den Religionslosen als zu den Religiösen zieht, und zwar durchaus nicht in der Absicht der Missionierung, sondern ich möchte fast sagen ‚brüderlich'. Während ich mich den Religiösen gegenüber oft scheue, den Namen Gottes zu nennen, – weil er mir hier irgendwie falsch zu klingen scheint und ich mir selbst etwas unehrlich vorkomme, (besonders schlimm ist es, wenn die anderen in religiöser Terminologie zu reden anfangen, dann verstumme ich fast völlig, und es wird mir irgendwie schwül und unbehaglich) – kann ich den Religionslosen gegenüber gelegentlich ganz ruhig und wie selbstverständlich Gott nennen"[3].

Auf dem Weg ins Konzentrationslager Flossenbürg, wo er einen Tag später gehängt wurde, baten Bonhoeffers Mitgefangene Dietrich, einen Gottesdienst für sie zu halten. Zunächst zögerte er, vor allem auch deshalb, weil es in der Gruppe eine Reihe von Personen gab, denen er nichts explizit Religiöses aufzwingen wollte. Einer von ihnen war der Atheist Wasily Wasiliew Kokorin, ein Neffe des sowjetischen Außenministers Molotow, den er einige Tage zuvor kennengelernt hatte. Aber Kokorin selbst bestand auf den Gottesdienst unter Dietrichs Leitung, also stimmte Bonhoeffer zu, den Gottesdienst zu halten.

Auf der kurzen Reise zu Bonhoeffers endgültigem Ziel geschah zwischen ihm und Kokorin etwas Bemerkenswertes. Dietrich hatte schon immer ein Interesse an Sprachen und bat Wasily, ihm Russisch beizubringen. Und der Atheist Wasily bat Dietrich, ihn in Bonhoeffers Fachgebiet zu unterrichten – Gott. Einer der Häftlinge, die diese Tage überlebten, schrieb folgende Zeilen an Dietrichs Zwillingsschwester Sabine: „Er (Bonhoeffer) verbrachte ziemlich viel Zeit mit Wasily Wasiliew Kokorin, dem Neffen Molotows, einem bezaubernden jungen Mann, obgleich Atheist. Ich glaube, Ihr Bruder teilte seine Zeit mit ihm so ein, dass er ihm einerseits die Grundlagen des Christentums vermittelte und andererseits Russisch lernte"[4].

Ich erwähne diesen kleinen Vorfall nur deshalb, weil er auf wunderbare Weise veranschaulicht, worum es bei „gegenseitigem Mentoring" geht, wenn es beiden Gesprächspartnern ernst damit ist, voneinander zu lernen und sie bereit sind, die unsichtbare, aber hoch wirksame Barriere, die sich aus der „Wir/Ihr"-Spaltung ergibt, zu überwinden.

Dialoge zwischen Christen und Nichtchristen

In den letzten Jahren habe ich die schmerzhafte Entdeckung gemacht, wie oft ich selbst in die Falle trete, die ich in diesem Kapitel so heftig kritisiere – die Spaltung zwischen „Wir" und „Ihr". Unter dem Titel *NCD – Gemeinde natürlich entwickeln* habe ich eine Reihe von Büchern geschrieben, in denen ich ein breites Spektrum an grundlegenden Merkmalen behandle, die jeden Christen kennzeichnen sollten. Ziel der Serie ist es, den Lesern zu helfen, in den jeweiligen Bereichen zu wachsen. Und die Ergebnisse sind ermutigend. Da jedes der Bücher von einem Online-Test begleitet wird, den die Benutzer nach gewisser Zeit wiederholen können, um ihren

Fortschritt zu überprüfen, hat unser Team die Möglichkeit, die prozentuale Wahrscheinlichkeit zu errechnen, dass es in diesen Prozessen zu Veränderungen kommt[5]. In der Regel können wir beträchtliches Wachstum festzustellen.

Eine Reihe meiner atheistischen Coachees, die die entsprechenden Tests gemacht haben, wollten auch mit den dazu gehörigen Büchern arbeiten, aber ich musste ihnen sagen: „Diese Bücher sind nicht wirklich für dich geschrieben worden."

„Willst du damit sagen, dass die in diesen Büchern dargestellten Prinzipien für mich nicht gelten?", fragte mich einer von ihnen.

„Nun, sie gelten schon für dich. Aber die Bücher sind so geschrieben, dass sie sich an Christen wenden. Im Blick auf Stil, Sprache, Beispiele und Argumentation haben sie Christen im Blick, nicht einen Atheisten wie dich."

„Ich verstehe dich nicht", antwortete mein Coachee, und seine Stimme klang geradezu bestürzt. „Du sagst mir, dass der Inhalt der Bücher unabhängig von den religiösen oder nicht-religiösen Ansichten der Leser gilt, und doch hast du sie so geschrieben, dass ich als Nichtchrist mich darin nicht wiederfinden kann. Christian, merkst du eigentlich, was du da tust? Als Coach erlebe ich dich als jemanden, der sich wunderbar auf mich einstellen kann und mir hilft, die Prinzipien, von denen du redest, in meinem Leben anzuwenden. Aber ich habe den Eindruck, dass du als Autor einen anderen Ansatz verfolgst. Du unterstützt religiöse Menschen beim Bau von Mauern um ihre Überzeugungen und sich selbst herum. Als ob diese Wände nicht schon hoch genug wären!"

Ich muss eingestehen, dass mein Gesprächspartner recht hatte. Ich versprach ihm, alles zu tun, was ich kann, um meinen Ansatz zu ändern.

Um es kurz zu machen, diese Erfahrung hat mich veranlasst, die Buchserie komplett neu zu planen. Zukünftige Ausgaben werden sich sowohl an Christen als auch an Nichtchristen richten. Die Prinzipien sind für beide die gleichen. Die Art und Weise jedoch, wie diese Prinzipien angewendet werden, kann sich je nach religiöser Orientierung unterscheiden. Mein Ziel in zukünftigen Generation dieser Bücher ist eine dreifache:

- Erstens sowohl Christen als auch Nichtchristen zu helfen, die universellen Prinzipien zu verstehen, die der Schöpfer dieses Universums in seine Schöpfung gelegt hat.
- Zweitens sowohl Christen als auch Nichtchristen zu helfen, diese Prinzipien in ihren jeweiligen Kontexten, die sich bisweilen stark voneinander unterscheiden, anzuwenden.

- Drittens sowohl Christen als auch Nichtchristen einzuladen, in diesem Bemühen voneinander zu lernen.

Ich habe festgestellt, dass die religiöse Skepsis vieler Nichtchristen, mit denen ich die Gelegenheit zum Dialog hatte, so weit gehen kann, dass sie den Begriff „Gott“ gänzlich aus ihrem Wortschatz verbannt haben. Bisweilen verbinden sie so viele negative Assoziationen mit diesem Begriff, dass es hilfreich erscheinen kann, ihn bis auf Weiteres ruhen zu lassen. Da ich selbst das Wort „Gott“ relativ häufig benutze, sowohl in meinen Büchern als auch im Gespräch mit Menschen, sage ich meinen nicht-christlichen Gesprächspartnern, dass sie dann, wenn sie mich diesen Begriff verwenden hören, ihn einfach als Platzhalter für „das große Unbekannte“ interpretieren können, nicht mehr. Ich möchte vermeiden, dass ein Begriff wie „Gott“ eine Barriere zwischen mir und ihnen schafft. Sobald unsere Kommunikation mehr in die Tiefe vorgedrungen ist, können sie es sich noch einmal überlegen, ob es für sie möglicherweise nicht doch Sinn macht, diese unbekannte Größe „Gott“ zu nennen und zu erkunden, inwieweit eine unvoreingenommene Begegnung mit dem Leben und den Lehren Jesu von Nazareth diesem Wort einen anderen Geschmack, wenn nicht gar eine gänzlich neue Bedeutung geben kann.

Leo Tolstoi hat es einmal so ausgedrückt: „Wenn dir der Gedanke kommt, dass alles, was du über Gott gedacht hast, verkehrt ist und dass es keinen Gott gibt, so gerate darüber nicht in Bestürzung. Es geht vielen so. Glaube aber nicht, dass dein Unglaube daher rühre, dass es keinen Gott gibt.“ Und dann verdichtete er diesen Gedanken sowohl sensibel als auch provokativ in der folgenden Aussage: „Wenn ein Eingeborener aufhört an seinen hölzernen Gott zu glauben, heißt das nicht, dass es keinen Gott gibt, sondern nur, dass der wahre Gott nicht aus Holz ist“[6].

Während unzählige „hölzerne Götter“, die von Christen und Nichtchristen geschaffen wurden, Barrieren zwischen Menschen schaffen, hilft der lebendige Gott Menschen mit sehr unterschiedlichen Hintergründen, dass sie einander auf bisweilen überraschende Weise begegnen. Wenn ich mit Nichtchristen rede, versuche ich deutlich zu machen, dass sie in dem, was sie in der Vergangenheit abgelehnt haben, möglicherweise völlig recht haben. Vielleicht war ihr Bild von „Gott“ einer dieser „hölzernen Götter“. Wenn dem so ist, dann war es eine kluge Entscheidung, dieses Gottesbild über Bord zu werfen. Aber wir müssen uns daran erinnern, dass dann, wenn wir uns von einem hölzernen Gott verabschieden, der lebendige Gott nicht aufhört zu existieren. Noch hören wir damit auf, Menschen zu sein, die geschaffen wurden, um eine positive Beziehung zu ihrem Schöpfer zu finden und dadurch das Leben in seiner ganzen Fülle zu erleben.

In einem seiner letzten Briefe an mich schrieb Helmut Gollwitzer: „Man kann ja das Evangelium nicht einsperren, weder in orthodoxe noch in liberale noch in pietistische noch in barthianische Gefängnisse mit ihren häufigen Vor-Festlegungen dessen, was das Evangelium sagen darf und was nicht, und welchen Lebensbereich es angreifen darf und welchen nicht. Es rührt sich in eigener Kraft und da, wo es sich rührt, führt es über viele Unterschiede hinweg die Menschen zusammen."

Eine vertiefte Auseinandersetzung mit diesen Fragen finden Sie in Band 2 der Energie-Trilogie sowie der Bonhoeffer- und der Glaubens-Trilogie.

Ich habe mich entschieden, diese Worte zum Motto meines Lebens zu machen.

Kapitel 8:
Auf Augenhöhe kommunizieren

These 8: *Der Schlüssel zu jedem interkulturellen, interkonfessionellen und interreligiösen Dialog ist der authentische Wille, selber zu lernen und zu wachsen. Christen können von undogmatischen Atheisten ebenso viel lernen wie von undogmatischen Christen – und umgekehrt.*

Könnte es sein, dass Christen mit einigen Atheisten mehr positive Schnittmengen haben als mit anderen Christen? Ist es möglich, dass Christen authentisch von Atheisten lernen können und umgekehrt? Die Antwort auf beide Fragen ist ein klares „Ja". Tatsächlich sind die Einsichten, die diesen beiden Möglichkeiten zugrunde liegen, ein Schlüssel zur Entwicklung neuer Formen der Kommunikation zwischen Anhängern unterschiedlicher Glaubenssysteme.

Diese Tatsache wird in der Grafik auf der nächsten Seite dargestellt. Je nachdem, ob wir die Trennlinie zwischen der linken und rechten Seite der Matrix oder dem oberen und unteren Teil ziehen, erhalten wir zwei völlig unterschiedliche Gruppenkonstellationen:

- Wenn wir die Linie entlang der vertikalen Achse ziehen, unterscheiden wir Christen (Gruppen A und D) von Atheisten (Gruppen B und C). Nach dieser Kategorisierung spielt es keine Rolle, ob ein Christ eine fundamentalistische oder undogmatische Einstellung hat. Das Gleiche gilt für die beiden atheistischen Gruppen. Ob sie nun militant oder tolerant sind, ob sie Menschen zur Mündigkeit verhelfen oder sie indoktrinieren, ob sie für Freiheit eintreten oder danach trachten, religiöse Ausdrucksweisen zu unterdrücken, sie werden als Teil derselben Gruppe gesehen.
- Wenn wir die Linie entlang der horizontalen Achse ziehen, unterscheiden wir zwischen Menschen, die eine fundamentalistische Denkweise haben, und solchen, die undogmatisch sind. Die zweite Gruppe zeichnet sich durch eine nicht-legalistische Haltung mit einer hohen Wertschätzung von Freiheit und persönlicher Verantwortung aus, die sowohl Atheisten (die dem Weg der Autonomie folgen) als auch Chris-

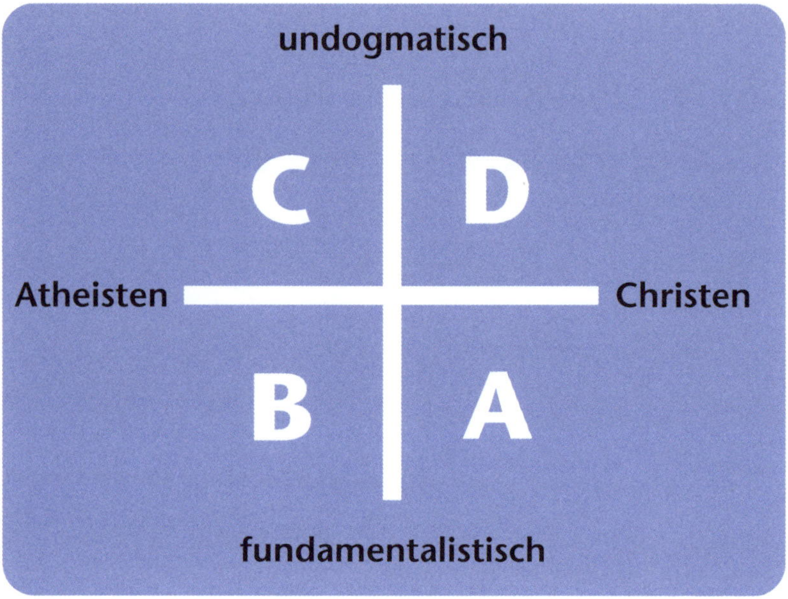

Während die vertikale Achse eine Linie zwischen Atheisten (links) und Christen (rechts) zieht, bezeichnet die horizontale Achse die Linie zwischen fundamentalistischen (unten) und undogmatischen Ansätzen (oben). Mit Hilfe dieser Matrix lassen sich vier verschiedene Gruppen unterscheiden:

Quadrant A: Menschen, die unter dem Dach des Christentums eine fundamentalistische Denkweise an den Tag legen;

Quadrant B: Atheisten mit fundamentalistischer Denkweise, z.B. Intoleranz gegenüber allem Religiösen;

Quadrant C: Atheisten, die sich fundamentalistischen Tendenzen sowohl unter religiösen Menschen als auch unter Atheisten widersetzen;

Quadrant D: Christen, die gegen fundamentalistische Tendenzen arbeiten.

Auch wenn Vertreter der Quadranten C und D unterschiedliche religiöse Überzeugungen haben, fühlen sich doch beide wohl, wenn sie sich mit Andersdenkenden zusammenschließen können, um Menschen zu helfen, in Freiheit, Mündigkeit und persönlicher Verantwortung zu wachsen. Während sie feste Überzeugungen im Blick auf ihre eigenen religiösen bzw. nicht-religiösen Ansichten haben, sind sie in der Lage, mit Vertretern anderer Überzeugungen auf Augenhöhe zu kommunizieren.

ten (die dem Weg der Theonomie verpflichtet sind) umfasst. Für beide Gruppen ist der Gegner der Fundamentalismus (Gruppen A und B), ob sich dieser nun in christlicher oder atheistischer Gestalt manifestieren mag. Vertreter der Gruppe D können mit Gruppe C mehr gemeinsam haben als mit Gruppe A. Christen der Gruppe D und Atheisten der Gruppe C mögen den (bisweilen traurigen) Zustand des empirischen Christentums kritisieren. Sie ziehen aus den gleichen Rohdaten jedoch unterschiedliche Konsequenzen: Während Atheisten in aller Regel froh wären, wenn die Welt frei von Religion wäre, arbeiten Christen der Gruppe D an einer Reform des empirischen Christentums. Sie freuen sich über jedes Anzeichen von Fortschritt auf diesem Weg.

Stellen Sie sich vor, dass sich zwanzig Personen in einem bestimmten Raum befinden, jeweils fünf Repräsentanten jedes der vier beschriebenen Quadranten. Mit anderen Worten, es gibt in diesem Raum zehn Christen und zehn Atheisten, und gleichzeitig zehn Personen mit fundamentalistischen und zehn mit undogmatischen Überzeugungen. Stellen Sie sich weiter vor, dass wir diese Personen sich entsprechend der links dargestellten Matrix aufstellen lassen, d.h. jeder steht in dem Quadranten, der ihn am treffendsten charakterisiert. Durch das Ziehen der Trennlinie in vertikaler oder horizontaler Richtung würden wir komplett unterschiedliche Gruppendynamiken erzeugen:

- Ziehen wir die Grenze vertikal, d.h. zwischen Christen und Atheisten, so schaffen wir eine Realität, in der ein „christliches Wir“ von einem nichtchristlichen „Ihr“ getrennt und ihm gegenübergestellt wird. In jeder der beiden Gruppen können sowohl „Verbündete“ als auch „Gegner“ klar ausgemacht werden.
- Ziehen wir die Trennlinie horizontal, so entsteht eine vollkommen andere Realität. Die „Wir/Ihr“-Konstellation ändert sich grundlegend. Einige derer, die im vorherigen Paradigma Verbündete waren, sind jetzt Gegner geworden – und umgekehrt.

„Ich habe genug von religiösen Konflikten. Authentische religiöse Menschen aber machen mich neugierig.“

Mir geht es in diesem Zusammenhang darum zu zeigen, dass sich durch das vertikale oder horizontale Ziehen der Linie innerhalb der Gesamtgruppe objektiv gesehen nichts verändert hat. Es sind immer noch exakt dieselben Menschen in exakt demselben Raum, die an exakt derselben Stelle stehen und exakt dieselben Glaubenssysteme vertreten. Das Einzige, was sich geändert hat, ist der Fokus auf eines der vielfältigen Merkmale, mit denen man die im Raum befindlichen Menschen gruppieren bzw. klassifizieren kann.

Diese Art von Übungen mache ich gerne bei Trainingsveranstaltungen, wobei ich für die einander gegenüberliegenden Positionen je nach Art der Gruppe und dem Thema der Veranstaltung unterschiedliche Begriffspaare wähle. Mein Ziel in diesen Übungen ist es, zu zeigen, wie stark wir die Realität allein dadurch verändern, dass wir ein alternatives mentales Paradigma benutzen, ohne dass sich auch nur irgendein anderes Detail geändert hat. Ein Schlüssel zur Steigerung von Mündigkeit ist die Entwicklung der Fähigkeit, zwischen verschiedenen solcher Paradigmen zu wechseln, je nach den Erfordernissen der Situation. So können wir zwischen Menschen unterschiedlicher Überzeugungen stets ein gemeinsames Terrain ausfindig machen. In einem Fall können sich Christen mit Atheisten zusammenschließen; in einem anderen Fall sollten Christen die Gemeinsamkeiten betonen, die sie mit anderen Christen haben. Je häufiger wir zwischen solchen Paradigmen wechseln, desto mehr werden wir erfahren, dass keine der verschiedenen Eigenschaften uns oder andere Menschen in ihrer Gesamtheit bestimmt. Diese Erkenntnis ist eine wichtige Voraussetzung, um Menschen auf Augenhöhe zu begegnen und die herablassende Haltung zu überwinden, die sich meist aus einer statischen „Wir/Ihr“-Unterteilung ergibt.

Begegnungen mit undogmatischen Ungläubigen

In diesem Kapitel möchte ich Ihnen vier Vertreter der Position vorstellen, die in unserem Diagramm von Quadrant C repräsentiert wird. Es sind Menschen, die selber nicht an einen persönlichen Gott glauben. Gleichzeitig vertreten sie keine fundamentalistische Position, sondern einen undogmatischen Ansatz, der sich fundamentalistischem Atheismus ebenso energisch widersetzt wie fundamentalistischer Religion. Diese vier Personen haben sechs Merkmale gemeinsam:

- Erstens sind sie definitiv keine Christen (drei von ihnen bezeichnen sich selbst als „Atheisten“, der andere verwendet diese Art von Etikettierung nicht gerne, spricht sich aber gleichwohl deutlich gegen die christliche Gottesanschauung aus). Allen vier Personen ist gemeinsam, dass sie nicht nur nicht an einen persönlichen Gott glauben, sondern es für sie auch wichtig ist, nicht an einen persönlichen Gott zu glauben. Ihr Unglaube ist ein zentraler Bestandteil ihrer Überzeugungen.

- Zweitens sind sie alle nicht nur in ihren jeweiligen Fachgebieten sachkundig, sondern auch im Blick auf Religion, Christentum und Theologie. Ob sie das Christentum kritisieren oder Teilaspekten zustimmen mögen, sie wissen stets, wovon sie reden.
- Drittens legen sie alle eine selbstkritische Haltung an den Tag. Sie sind bereit, sich selbst in Frage zu stellen. Sie sind bestrebt, von Anderen zu lernen, auch von Menschen mit gegensätzlichen Anschauungen.
- Viertens lehnen sie alle den fundamentalistischen Flügel des Atheismus ab. Infolgedessen haben sie viel gemeinsam mit Christen, die sich dem fundamentalistischen Flügel der Religion widersetzen.
- Fünftens setzen sich alle für Freiheit, Mündigkeit und Verantwortung ein. Das sind Werte, die sie mit denjenigen Christen teilen, die sich einem biblischen – im Gegensatz zu einem fundamentalistischen – Paradigma verpflichtet wissen.
- Sechstens kommunizieren sie alle mit ihren Gesprächspartnern auf Augenhöhe. Sie behandeln sie mit Respekt, ohne sich in bloßer politischer Korrektheit zu verlieren. Sie verzichten durchaus nicht auf Provokation. Sie ehren ihre Gesprächspartner nicht durch bloße Höflichkeit, sondern durch das Bestreben, inmitten der kontroversen Auseinandersetzungen in die Tiefe zu dringen.

Wenn ich im Folgenden sowohl ihre Standpunkte als auch ihren Argumentationsstil darstelle, dann möchte ich damit Christen inspirieren, ähnliche Klarheit, ähnlichen Respekt und eine ähnliche Lernbereitschaft an den Tag zu legen, wann immer sie sich mit Atheisten auseinandersetzen.

Beispiel 1: Wilhelm Weischedel

Wilhelm Weischedel (1905–1975) gilt als einer der bedeutendsten deutschen Philosophen des letzten Jahrhunderts. Als Sohn eines lutherischen Pfarrers und als jemand, der u.a. ein Theologiestudium absolviert hat, hatte er ein profundes Wissen über den von ihm abgelehnten christlichen Glauben. Wenn er den Begriff „Gott“ benutzte – und er benutzte ihn in seinen philosophischen Schriften häufig –, war sein Verständnis von Gott nicht identisch mit dem christlichen Gottesbegriff. Weischedels Gott war weder ein trinitarischer Gott noch einer, der personale oder transzendente Züge aufweisen würde. Weischedel sprach über Gott ausschließlich in nichtpersonalen Kategorien.

Im Wintersemester 1963–1964 fand eine berühmt gewordene öffentliche Debatte zwischen Weischedel und dem Theologen Helmut Gollwitzer, beide Professoren an der Freien Universität Berlin, statt. Dieser Disput, der später als Buch erschien, wurde in Form von Dialogvorlesungen ausgetragen, d.h. jede Vorlesung wurde als Reaktion auf die vorherige Vorlesung gehalten. Meiner Überzeugung nach stellt diese Debatte eines der schönsten Beispiele für einen Dialog über Glauben und Denken dar, die jemals geführt wurden: sachkundig, präzise, nuanciert, fair, sowohl erleuchtet als auch erleuchtend – auch wenn das Ganze in dem Eingeständnis endete: Wir stimmen darin überein, dass wir nicht übereinstimmen.

Jeder, der die Vorlesungen liest, spürt, dass beide Professoren nicht nur bestrebt waren, ihre eigenen Ansichten darzulegen, sondern auch aufrichtig bemüht, voneinander zu lernen. Diese Bereitschaft, sich selbst zu hinterfragen, wurde von Weischedel vielleicht noch eindrucksvoller demonstriert als von Gollwitzer. Weischedel kritisierte Gollwitzer wiederholt dafür, sich in seiner „festen Burg" des Christentums zu verschanzen, wie er es ausdrückte. Er forderte von Gollwitzer, dass dieser sich mit allen seinen eigenen Denk- und Glaubensvoraussetzungen dem Streitgespräch aussetzen solle, „auch denen, die er selbst für unerschütterlich" halte. „Meinerseits werde ich alles dazu tun, um durch meine Fragen, auch wenn sie den Theologen schockieren sollten, ihn in Versuchung zu führen, aus seiner festen Burg herauszutreten"[1].

Immer wieder machte Gollwitzer geltend, dass Weischedel gar nicht so weit von christlichen Positionen entfernt sei. Aber Weischedel lehnte jegliche Einladung zum Glauben ab. Seiner Überzeugung nach wäre er seiner Berufung untreu geworden, wenn er Christ geworden wäre. Er sah seine Hauptaufgabe als Philosoph im „radikalen Fragen". Er bezweifelte, dass Gollwitzer und andere Christen bereit seien, eine ähnliche Radikalität an den Tag zu legen. Gollwitzer hingegen sah die Gefahr, dass für Weischedel die „Antwortlosigkeit" unter der Hand fast schon zu einem Dogma geworden sei. Er kritisierte Weischedel dafür, dass er die Position des Philosophen mit der des Unglaubens identifiziere. Auf diese Weise, so Gollwitzer, nutze Weischedel seine Rolle als Philosoph dazu, zu einem „Anwalt des Nichtglaubenden" zu werden[2]. Während für Gollwitzer die Rolle des Philosophen vollständig vereinbar mit der des Christen war, bestritt Weischedel diese Kompatibilität: „Im Felde der Frage nach der Wahrheit kann der Glaube ein ernstliches Philosophieren nicht zulassen, und umgekehrt muss das philosophische Denken aus seinem Wesen heraus den christlichen Glauben bestreiten... Christlicher Glaube und philosophisches Denken sind unvereinbar"[3].

Es ist beeindruckend, den großen Aufwand zu beobachten, den jeder der beiden Professoren unternahm, um exakt zu definieren, wie genau er ein bestimmtes Wort verstanden wissen wollte. Beide gingen nicht einfach davon aus, dass der Andere die benutzten Begriffe genauso verstehen würde wie er selbst. Beide versetzen sich sachkundig und emphatisch in die Lage des Anderen („liefen in ihren Mokassins", um es mit einem indianischen Sprichwort auszudrücken), um aus dieser Perspektive heraus alle vorgebrachten Nuancen auch wirklich zu verstehen.

Beide zeigten großen Respekt vor ihrem Gesprächspartner, argumentierten allerdings vehement gegen dessen Ansichten. Was mich am meisten berührte, ist die Authentizität dieses Respekts, der weit über bloße Höflichkeit hinausging. Weischedel brachte seine Hochachtung nicht nur gegenüber Gollwitzer, sondern gegenüber Christen im Allgemeinen zum Ausdruck. „Wer je einem wirklich Glaubenden begegnet ist, wird sich nur schwer dem Eindruck entziehen können: dieser Mensch meint es aufrichtig, er ist also glaubwürdig"[4].

Als junger Christ hatten diese Vorlesungen einen tiefen und nachhaltigen Einfluss auf mich – keineswegs nur die Beiträge des Christen Gollwitzer, der später einer meiner geistlichen Mentoren wurde, sondern auch Weischedels Vorlesungen. Der Umgang mit seinen nicht-christlichen Ansichten half mir, in meinem Glauben zu wachsen – eine Erfahrung, die sich seitdem häufig wiederholt hat, wenn ich mit nicht-fundamentalistischen Atheisten interagiert habe. Diese Begegnungen sind für mich zu Lernmöglichkeiten par excellence geworden.

Beispiel 2: André Comte-Sponville

André Comte-Sponville (*1952), der sich stolz als „bekennenden Atheisten" bezeichnet, ist derzeit einer der prominentesten französischen Philosophen. Während er gegen Gottes Existenz argumentiert, findet er viele Einstellungen von Gläubigen unverzichtbar, insbesondere wenn es darum geht, Gemeinschaft zu entwickeln. Er repräsentiert eine atheistische Spiritualität ohne jegliche Aggressivität. Sein wichtigstes Buch zu diesem Thema, *L'esprit de l'athéisme* (deutsch: „Woran glaubt ein Atheist?"), hat den signifikanten Untertitel: *Spiritualität ohne Gott*[5].

Für Comte-Sponville ist es wichtig zu betonen, dass die Aussage „Ich bin Atheist" nicht auf wissenschaftlicher Erkenntnis beruht, sondern ein Glaubenssystem widerspiegelt. Als Philosoph vermag er lediglich zu sagen: Ich glaube, dass Gott nicht existiert. „Ich habe keine Beweise. Niemand hat welche. Aber ich habe eine bestimmte Anzahl von Gründen oder Argumenten, die mir stärker erscheinen als jene, die für das Gegenteil sprechen"[6]. Er geht sogar so weit zu sagen: „Wenn Sie jemanden treffen, der behauptet: ‚Ich weiß, dass Gott nicht existiert', ist das kein Atheist, sondern ein Idiot"[7]. Comte-Sponville stimmt dem Philosophen Jules Lequier zu, der sagte: „Wenn man glaubt, im Besitz der Wahrheit zu sein, sollte man wissen, dass man glaubt, aber nicht glauben, dass man weiß"[8].

Wenn Comte-Sponville sich selbst als einen „undogmatischen Atheisten" bezeichnet, fügt er sogleich hinzu, dies bedeute nicht, dass er im Blick auf seine Einstellungen oder Überzeugungen eine Wischi-waschi-Haltung habe. „Ein undogmatischer Atheist ist nicht weniger atheistisch als die anderen. Nur klüger"[9]. Und er macht Aussagen, die von Christen hätten geschrieben werden können: „Für mich verläuft die Grenze nicht zwischen Glaubenden und Nichtglaubenden, sondern zwischen den freien, offenen, toleranten Geistern auf der einen Seite und den dogmatischen, fanatischen Geistern auf der anderen Seite. Ich kämpfe gegen die Fanatiker und auch gegen die Nihilisten. Das sind die Leute, die an nichts glauben, die nichts respektieren, die keine Werte, keine Regeln haben, keine Prinzipien, keine Ideale. Darum schlage ich allen anderen eine Art Bündnis vor, das die gemeinsamen Werte der Menschheit verteidigt"[10].

Seine Argumente richten sich explizit gegen alle Formen des Fundamentalismus, unabhängig davon, ob dieser in religiöser oder nicht-religiöser Gestalt auftreten mag. „Eine Wiederkehr der Spiritualität wäre nur zu begrüßen. Eine Wiederkehr des Glaubens kein Problem. Aber eine Wiederkehr des Dogmatismus, des Obskurantismus, des Fundamentalismus, ja des Fanatismus? Nichts wäre schlimmer, als ihnen das Terrain zu überlassen"[11]. Und obgleich er nicht an Gott glaubt, verteidigt er Spiritualität: „Spiritualität ist eine viel zu wichtige Angelegenheit, um sie den Fundamentalisten zu überlassen. Und Toleranz ein zu kostbares Gut, um sie mit Gleichgültigkeit oder Nachgiebigkeit zu verwechseln"[12]. Schließlich macht er eine wichtige Unterscheidung im Blick auf Religionen, die im öffentlichen Diskurs oft vernachlässigt wird: „Nicht Glaube führt zu Massakern, sondern Fanatismus, egal ob religiös oder politisch"[13].

Wie viele andere undogmatische Atheisten betrachtet Comte-Sponville Christen und ihre Ansichten mit Respekt. Er sagt: „Wir sollten anerkennen, dass es unter den Gläubigen mehr Heilige gibt als unter den Atheisten; das ist kein Beweis für die Existenz Gottes, verwehrt es aber, die Religion zu verachten"[14]. Unter seinen persönlichen Helden gibt es zahlreiche Christen: „Ich hege viel zu viel Bewunderung für Pascal und Leibniz, Bach oder Tolstoi, ganz zu schweigen von Gandhi, Etty Hillesum oder Marin Luther King, als dass ich den Glauben, auf den sie sich beriefen, verachten könnte"[15].

Die Ausführungen des französischen Philosophen zu Atheismus und Religion sind nicht nur als philosophische Spekulationen gemeint. Sie haben einen klaren praktischen Zweck – sie beschreiben eine gemeinsame Basis, auf der Gläubige und Nichtgläubige einander begegnen und für das Wohl der Menschheit eintreten können. „Gibt es ein Leben nach dem Tod? Darüber wissen wir nichts. Christen glauben daran, meistens. Ich glaube nicht daran. Aber es gibt ein Leben *vor* dem Tod, und das bringt uns einander näher“[16]. „Die erste Pflicht und das Prinzip aller anderen Pflichten ist es daher, *menschlich* zu leben und zu handeln. Religion genügt nicht, und sie enthebt niemanden dieser Pflicht. Atheismus auch nicht“[17].

Beispiel 3: Alain de Botton

Alain de Botton (*1969), ein britisch-schweizerischer Philosoph und Atheist, hat ein bemerkenswertes Buch geschrieben, das den Titel *Religion für Atheisten* trägt[18]. Es richtet sich an Atheisten und ermutigt sie, von religiösen Menschen zu lernen. Nach Ansicht von de Botton sind Religionen viel zu interessant und haben zu viel Weisheit, um nur für diejenigen da zu sein, die an sie glauben. Er hofft auf einen Weg, „sich auf Religion einzulassen, ohne ihren übernatürlichen Inhalten zuzustimmen“[19].

De Botton hat viele kritische Anmerkungen zum Atheismus, z.B. wenn er schreibt: „Indem wir so vieles aufgaben, haben wir der Religion erlaubt, Erfahrungsbereiche als ihr exklusives Hoheitsgebiet zu beanspruchen, die eigentlich der gesamten Menschheit gehören sollten – und die wir ungeniert wieder in die säkulare Welt hinübernehmen sollten“[20]. Er ist davon überzeugt, dass „Religionen insgesamt gesehen zu nützlich, effektiv und intelligent“ seien, um sie „allein den Gläubigen zu überlassen“[21]. Er geht davon aus, „dass die Religionen erfunden wurden, um zwei elementare Bedürfnisse zu befriedigen, die bis heute fortbestehen und für die die säkulare Gesellschaft bis zum heutigen Zeitpunkt keine Lösung gefunden hat: erstens das Bedürfnis, trotz unserer tief verwurzelten egoistischen und gewalttätigen Impulse harmonisch in Gemeinschaften zusammenzuleben; und zweitens das Bedürfnis, mit einem bisweilen geradezu unerträglichen Ausmaß von Schmerz fertig zu werden, der aus der menschlichen Verwundbarkeit resultiert und uns im Falle von beruflichem Versagen, bei Beziehungsproblemen, beim Tod eines geliebten Menschen oder angesichts unseres eigenen Verfalls und Todes verzweifeln lässt“[22].

Seine Liste des Nutzens von Religion ist lang. Unter vielen anderen Punkten erwähnt de Botton die folgenden drei:

- Erstens haben religiöse Menschen ein tieferes Verständnis menschlicher Beziehungen. „Die Kirche hat durchaus Verständnis dafür, dass wir auf einen bestimmten Status hinarbeiten, schafft dann aber Bedingungen, unter denen wir unsere Bindung an soziales Umfeld und Titel bereitwillig aufgeben können"[23]. Insbesondere lobt er das christliche Verständnis von „Familie", das sich nicht auf die eigene biologische Verwandtschaft beschränkt, sondern eine breitere Gemeinschaft aus vielen verschiedenartigen Menschen umfasst. „Wenn Politiker heute davon sprechen, dass sie die gesellschaftlichen Strukturen wiederherstellen wollen, preisen sie die Familie als wichtigstes Symbol der Gemeinschaft. Das Christentum ist in dieser Hinsicht jedoch weiser und weniger sentimental, denn es statuiert, dass eine enge Bindung an die Familie den Personenkreis unserer Bezugspersonen einengen kann und uns von der weitaus größeren Herausforderung ablenkt, unsere Verbindung mit der gesamten Menschheit zu spüren und außerdem zu lernen, nicht nur unsere Freunde und Verwandten zu lieben"[24].
- Zweitens reden religiöse Menschen nicht nur, sondern sie handeln. Alain de Botton kritisiert scharf „die verwirrende Tendenz, dass uns zwar klar ist, was wir tun sollten, wir aber gleichzeitig einen ständigen Widerstand dagegen verspüren, entweder aus Willensschwäche oder weil wir einfach andere Dinge im Kopf haben"[25]. Er ist davon überzeugt, dass religiöse Menschen mit diesen Problemen besser umgehen. Religion gehe davon aus, „dass es bei Bildung weniger darum geht, Unwissenheit zu bekämpfen – wie laizistische Pädagogen meinen –, als vielmehr darum, wie wir den inneren Widerstand überwinden können und Dinge, die wir in der Theorie bereits begriffen haben, auch in die Tat umsetzen"[26].
- Drittens sind religiöse Menschen von „Pessimismus" geprägt, und Alain de Botton sieht das – vielleicht zunächst etwas überraschend – durchaus als Tugend. Im Normalfall sei es nicht so sehr Negativität, die uns in Schwermut verfallen lässt, „als vielmehr die Hoffnungen, die wir in unsere Karriere, unser Liebesleben, unsere Kinder, unsere Politiker und unseren Planeten setzen, die in erster Linie zu unserer Wut und Verbitterung geführt haben"[27]. Pessimismus als Tugend? Alain de Botton erklärt diese Aussage folgendermaßen: „Pessimisten wissen viele Dinge weit mehr zu schätzen als ihre Pendants aus dem Lager der Optimisten, denn da sie gar nicht damit rechnen, dass etwas gut ausgeht, staunen sie schon über bescheidene Erfolge, die sich hin und wieder an ihrem verdunkelten Horizont abzeichnen"[28].

Ich bin mir nicht sicher, ob Alain de Botton die Stärken religiöser Menschen im Allgemeinen und von Christen im Besonderen wirklich treffend darstellt. Aber in Anbetracht der Tatsache, dass er ein Atheist ist, finde ich seine Bereitschaft, von Religionen zu lernen, ziemlich bemerkenswert.

Beispiel 4: Heiko Ernst

Mein letztes Beispiel für einen undogmatischen Atheisten ist Heiko Ernst (*1948), ein Psychologe, der 35 Jahre lang Chefredakteur der Zeitschrift *Psychologie heute* war und während dieser Zeit möglicherweise die Meinungen deutscher Berufspsychologen und unzähliger Laien wie kein Zweiter geprägt hat. Gleichzeitig gilt er als einer der profiliertesten Vertreter des Atheismus in Deutschland.

Als ich mich vor einigen Jahren mit dem Thema der „sieben Todsünden" beschäftigte, studierte ich eine Vielzahl unterschiedlicher Bücher zu diesem Thema, die römisch-katholische, protestantische, jüdische, buddhistische, atheistische und viele andere Hintergründe widerspiegelten. Einer der klügsten Beiträge zu diesem Thema stammt von Heiko Ernst, dem Atheisten[29].

Als ich sein Buch öffnete, weckten bereits die ersten Sätze meine Aufmerksamkeit. „Um es vorwegzunehmen: Ich glaube an keinen Gott, weder an einen gütigen noch an einen gleichgültigen. ... Ich glaube also auch nicht an den Teufel, nicht an das Jüngste Gericht, nebst Verurteilungen zu Höllenfeuer oder Belohnungen für tugendhaftes Leben im Himmel. Als guter Ex-Katholik halte ich es mit Georg Christoph Lichtenberg: ‚Und ich dank es dem lieben Gott tausendmal, dass er mich zum Atheisten hat werden lassen!'"[30]. Warum schreibt er dann über ein explizit christliches Thema wie die sieben Todsünden, und warum stimmt er den christlichen Schriften zu diesem Thema weitgehend zu?

Ernst hat sich genau diese Frage selbst gestellt. „Warum ich dann trotzdem ein Buch über die sieben Todsünden geschrieben habe? Ist ‚Sünde' nicht ein Konzept, dessen mönchische Ursprünge eng mit christlichem Gottesglauben verknüpft sind – und das selbst den meisten Theologen reichlich antiquiert und kaum noch brauchbar erscheint im Lichte moderner Erkenntnisse über menschliches Verhalten?"[31] Nun, Heiko Ernst hält das Konzept der sieben Todsünden für äußerst relevant, da es eine kritische Überprüfung des Zeitgeistes in Zeiten zunehmender moralischer Unsicherheit und „transzendentaler Heimatlosigkeit" ermöglicht. Er schreibt: „Auch für Nicht-Gläubige bietet die Konfrontation mit den Großen Sieben tiefe Einsichten in die eigene Psyche"[32].

Ernst ist Zeit seines Lebens ein leidenschaftlicher Verfechter eines aufklärerischen Ansatzes gewesen, der sich gegen alle Formen von Okkultismus und Esoterik wendet und die Werte von Mündigkeit und Verantwortung betont. Vor diesem Hintergrund ist es nicht verwunderlich, dass er alle möglichen Arten von Fundamentalismus angreift, sei es in der Psychologie (er bescheinigt Sigmund Freud eine „fundamentalistische Haltung") oder im Christentum.

Ernst kann äußerst kritisch gegenüber einigen Schulen der Psychologie sein, die die menschliche Selbstverwirklichung einseitig betont haben, ohne zu erkennen, dass dieser Ansatz zu einer wohl-maskierten Form des Egoismus führen kann. Während viele postulieren, dass sich ein gutes Leben in der Toleranz gegenüber den sieben Todsünden manifestiert, widersetzt sich Ernst dieser Sicht und greift sie an. Er weist darauf hin, dass Einstellungen und Handlungen, die in früheren Zeiten als sündig galten, mittlerweile anerkannt und sogar gefördert werden. Er schreibt: „Die Sünden sind in der Mitte der Gesellschaft angekommen, als manchmal unerfreuliches, aber weitgehend auch toleriertes, teilweise sogar gezielt gefördertes und erwünschtes Verhalten"[33]. Ein Merkmal unserer Zeit sei, dass Lebensbedingungen und Situationen erzeugt werden, „in denen unsere ‚sündigen' Impulse sehr häufig, teilweise sogar systematisch stimuliert werden"[34].

Heiko Ernst spricht über Umweltverschmutzung. Aber dann fragt er: „Reagieren wir allergisch auf Verschmutzungen der ethischen Sphäre? Oder entwickeln wir allmählich Toleranzen gegenüber dem ‚unethischen Feinstaub' und anderen Schadstoffen?"[35] Er ist der Meinung, dass wir „Messungen" des „ethischen Klimawandels" benötigen[36].

Als ich das alles las, war ich von den Erkenntnissen dieses Atheisten so sehr beeindruckt, dass ich mich entschloss, Heiko Ernst zu besuchen, um diese Themen persönlich mit ihm zu erörtern. Und ich wurde nicht enttäuscht. Während unseres Treffens sagte ich ihm, dass ich ausdrücklich daran interessiert sei, ihm in seiner Rolle als Atheist zu begegnen. Ich zeigte ihm die Grafik auf Seite 98 und erklärte, dass er und ich uns in unseren religiösen Ansichten stark voneinander unterscheiden (die beiden Bereiche, die durch die vertikale Linie im Diagramm getrennt werden). Aus der Perspektive des oberen Teils des Diagramms haben wir jedoch Vieles gemeinsam:

- Erstens lehnen wir Fundamentalismus in allen seinen Varianten ab.
- Zweitens engagieren wir uns für Freiheit, Mündigkeit und Verantwortlichkeit des Menschen.
- Drittens sind uns beiden die ungesunden Aspekte des empirischen Christentums sehr wohl bewusst.

- Viertens interessieren wir uns für die psychische Gesundheit der Menschen, ob sie nun religiös sein mögen oder nicht.

Worin wir uns unterscheiden, das sind die Konsequenzen, die jeder von uns aus der gleichen Analyse zieht. Während viele Atheisten froh wären, wenn Religion vollends verschwinden würde, möchte ich als Christ zu einer Reform des Christentums beitragen, und ich kann bemerkenswerte Fortschritte auf diesem Weg erkennen. Ich berichtete Heiko Ernst von einigen dieser Fortschritte und fragte ihn, ob er sich darüber freuen könne.

Eine vertiefte Auseinandersetzung mit diesen Fragen finden Sie in Band 1 der Bonhoeffer-Trilogie.

Seine Antwort war ein klares und authentisches „Ja". Diese Reaktion des Atheisten im Blick auf die Dinge, die mir persönlich ungeheuer wichtig sind, hat mir mehr bedeutet, als wenn ich die gleiche Antwort von einem Christen erhalten hätte.

Kapitel 9: Fundamentalistische Tendenzen austrocknen

These 9: *In den letzten Jahren hat der Fundamentalismus in beispielloser Weise zugenommen, sowohl in der Religion als auch im Atheismus. Häufig ist Fundamentalismus die tiefste Wurzel gesellschaftlicher Konflikte, die zu Gewalt und Krieg führen. Strategische Arbeit an gemeindlicher Gesundheit mildert automatisch fundamentalistische Neigungen und schafft gleichzeitig Raum für die berechtigten Anliegen, die sich häufig hinter einer fundamentalistischen Denkweise verbergen.*

Wenn wir den entsprechenden Stichworten in den Medien nachgehen, kann leicht der Eindruck entstehen, als sei Religion – ob in christlicher oder nicht-christlicher Gestalt – eine der Hauptquellen von Konflikten, Hass und sogar Gewalt. Häufig jedoch wird übersehen, dass es nur selten Religion als solche ist, die zu diesen destruktiven Ergebnissen führt. In der Regel ist es der fundamentalistische Flügel einer bestimmten Religion, der zudem noch als Waffe in den Händen derjenigen eingesetzt wird, die politische Macht haben bzw. suchen.

Trägt das Christentum zu Hass bei? Ganz sicher nicht, wenn Christentum als Ausdruck der DNA verstanden wird, die von Jesus Christus etabliert wurde. Stellt fundamentalistisches Christentum eine Brutstätte für Hass und möglicherweise sogar Gewalt dar? Die Antwort ist ein eindeutiges Ja. Aus gutem Grunde sollten wir vor fundamentalistischen Tendenzen auf der Hut sein, auch wenn sie sich noch in ihrem Anfangsstadium befinden und eher harmlos erscheinen mögen. Wir sollten alles in unserer Macht Stehende tun, um uns nicht nur gegen Fundamentalismus auszusprechen (was an sich nicht sonderlich schwierig ist), sondern um zwei Ziele zu erreichen:

- Erstens den Menschen dabei zu helfen, zu erkennen, dass ihre fundamentalistischen Tendenzen kein Ausdruck des christlichen Glaubens sind, sondern ein fremdartiger, sich aus nichtbiblischen Quellen speisender Faktor, der geistliches Wachstum und persönliche Reife blockiert.

- Zweitens die Menschen in Lernprozesse einzubeziehen, durch die ihre fundamentalistischen Tendenzen auch tatsächlich reduziert werden können.

Fundamentalismus ist nicht in erster Linie der Glaube an eine bestimmte Theorie über die Entstehung bzw. Interpretation der Bibel. Eher ist er mit einer Brille vergleichbar, durch die hindurch wir die Gesamtheit der Wirklichkeit betrachten – einschließlich der Bibel –, was vorprogrammiert, dass bestimmte Menschen bestimmten Bibeltheorien gegenüber anderen den Vorzug zu geben neigen. Aus diesem Grund kann das Problem nicht durch verstärktes Bibelstudium allein gelöst werden. Es kann nur gelöst werden, indem wir die „Brille", die wir tragen, noch bevor wir überhaupt die Bibel öffnen, kritisch in den Blick nehmen.

Nährböden für Fundamentalismus

Für Manchen mag es überraschend sein, dass viele Merkmale bestimmter Kulturen, die nichts mit Religion zu tun haben, ein Nährboden für Fundamentalismus sind. Gemeinsamer Nenner ist das Schaffen von Anreizen zu einem Denken in Kategorien von binärer Opposition, einem der Hauptkennzeichen jeder fundamentalistischen Haltung. Zu den wichtigsten Elementen, die diese Haltung befördern, gehören die folgenden:

> ***„Ich bin religiös interessiert, möchte aber definitiv nichts mit Fundamentalisten zu tun haben."***

- Erstens: Eine der am stärksten unterschätzten Brutstätten sind die sozialen Medien. Sie unterstützen den sogenannten „Echokammereffekt". Posts bzw. Tweets ziehen in erster Linie Gleichgesinnte an und gelten als erfolgreich, wenn sie viele Bestätigungen (*likes*, *shares*, *retweets*) von genau dieser Gruppe generieren. Benutzer der sozialen Medien sind zunehmend Meinungen und Informationen (bzw. Meinungen, die als Informationen präsentiert werden) von Menschen ausgesetzt, die ihre eigenen Ansichten bestätigen. Infolgedessen neigen ihre Gehirne dazu, Informationen, die von außerhalb dieser Echokammern stammen, äußerst selektiv zu verarbeiten. Den eigenen Anschauungen entgegengesetzte Informationen werden unterdrückt und schließlich vollends ausgeblendet, während Aussagen, die die eigene Meinung bestätigen, überproportional stark wahrgenommen werden. In den sozialen Medien werden die Botschaften bewusst – und manchmal sogar erzwungenermaßen – abgetrennt von jedwedem Kontext präsentiert. Die Nutzer gewöhnen sich so sehr an diesen kontextlosen Stil einer Stakkato-Kommunikation, dass sie ihn auch außerhalb der sozialen Medien anzuwenden beginnen, ohne dies irgendwie als defizitär zu empfinden. All dies zusammen lässt den menschlichen Geist zunehmend in fundamentalistischen Kategorien agieren, und das gilt auch für den Geist derer, die niemals etwas mit Religion zu tun hatten.

- Zweitens trägt eine politische Kultur, die von einem Zweiparteiensystem geprägt ist, ungeheuer stark zu binärem Denken bei. In diesem Zusammenhang kann das Denken in Entweder-Oder-Kategorien („Du bist kein Konservativer? Dann bist du also ein Liberaler!") schnell zu einem allgemein akzeptierten Denkmuster werden, anstatt als unfreiwillige Komik wahrgenommen zu werden. Wenn die meisten Menschen in der eigenen Umgebung ständig in binären Kategorien denken, fühlen und handeln, werden auch diejenigen Menschen, die mentalitätsmäßig keineswegs zu binärem Denken neigen, unweigerlich angesteckt.
- Drittens neigen Kulturen, die in erster Linie einsprachig oder maximal zweisprachig sind, stärker zu binärem Denken als solche, in denen Multilingualität Teil des Bildungssystems ist. Kaum etwas verringert eine binäre Denkweise so nachhaltig wie das Vertrautsein mit drei oder mehr Sprachen. Die Notwendigkeit, sich in einer anderen Sprache als der eigenen auszudrücken und zwischen verschiedenen Sprachen zu wechseln, macht es erforderlich, eigene Gedanken mit den Mitteln unterschiedlicher Paradigmen auszudrücken. Nach einer Weile wird das Hin- und Herwechseln zwischen verschiedenen mentalen Paradigmen zur natürlichsten Sache der Welt, was ganz automatisch auch auf andere Bereiche abfärbt.

Forschung über Fundamentalismus

Wer Diskussionen über Fundamentalismus in den Medien verfolgt oder das Thema mit Verteidigern oder Kritikern des Christentums erörtert, stößt kontinuierlich auf Hypothesen, von denen die meisten Menschen überzeugt sind, sie würden die Realität adäquat abbilden:

- Erstens scheint Fundamentalismus als ein Phänomen betrachtet zu werden, das in positivem Zusammenhang mit Gemeindewachstum steht. Selbst diejenigen, die dem Fundamentalismus kritisch bis ablehnend gegenüberstehen, räumen ein, dass fundamentalistische Gemeinden wahrscheinlicher wachsen als nicht-fundamentalistische.
- Zweitens wird es als schwierig, wenn nicht gar unmöglich betrachtet, Fundamentalismus zu „heilen". In fundamentalistischer Weltsicht wird der Fundamentalismus naturgemäß nicht als Problem empfunden, das einer Therapie bedarf. In den meisten Fällen wird von fundamentalistischen Gruppen Fundamentalismus geradezu als Inbegriff geistlicher Gesundheit betrachtet. Da aber Problemeinsicht Vorbedingung jeder Therapie ist – in der Medizin wird der Begriff „Krankheitseinsicht" verwendet –, lässt sich ohne diese Voraussetzung nur schwer eine heilende Maßnahme einleiten.
- Drittens scheint man implizit davon auszugehen, dass es einen Zusammenhang zwischen Fundamentalismus und geistlicher Leidenschaft gebe, was umgekehrt bedeutet, dass man vermutet, mit nachlassendem Fundamentalismus sinke auch die geistliche Leidenschaft. Insbesondere wird eine Verringerung fundamentalistischer Tendenzen mit einer verringerten Hingabe an die Bibel und an Evangelisation in Verbindung gebracht („Bei Fundamentalisten lässt sich zwar vieles kritisieren, aber in ihrer Haltung zur Bibel und zum Missionsauftrag sind sie stark"). Nominalismus und Fundamentalismus werden dabei unausgesprochen als die beiden Enden eines Kontinuums betrachtet.

Es ist erstaunlich, dass in den meisten Diskussionen über dieses Thema kaum jemand nach belastbaren empirischen Daten fragt. Deshalb entschloss ich mich, die Daten von Gemeinden, die wir in den letzten zwanzig Jahren in der natürlichen Gemeindeentwicklung (NCD) gesammelt haben, heranzuziehen. Könnten sie möglicherweise dabei helfen, neues Licht in die Diskussion zu bringen? Mittlerweile können wir sagen: Die empirische Wirklichkeit ist in weiten Teilen das genaue Gegenteil dessen, was die meisten Menschen wohl vermutet hätten.

Wie konnten wir das Thema Fundamentalismus mit Hilfe unserer Daten angehen? Unsere Datenbasis ist zwar groß, repräsentiert sie doch 75.000 Gemeinden aus allen Teilen der Welt, die zumindest ein Gemeindeprofil erhoben haben. Viele haben mehrere Wiederholungsprofile durchgeführt, was es unserem Team ermöglichte, langfristige Entwicklungen zu verfolgen und auszuwerten. Allerdings wurde das Gemeindeprofil nicht als ein Instrument entwickelt, fundamentalistische Tendenzen zu messen.

Könnte es dennoch einen Weg geben, es zu diesem Zweck zu nutzen? Wir sind diese Frage in den folgenden fünf Schritten angegangen:

Schritt 1: Auswahl geeigneter Items

Zunächst versuchten wir, auf der Grundlage der Fragen („Items"), die dem Gemeindeprofil zugrunde liegen, einen Index zu entwickeln, den wir intern „Fundamentalismus-Index" nannten. Bei empirischen Fragestellungen dieser Art besteht eine der größten Herausforderungen darin, zirkuläres Denken zu vermeiden oder doch auf ein Minimum zu reduzieren. Um diese Gefahr einzudämmen, erschien es uns wichtig, nicht selber Items zu formulieren (bzw. aus den vorhandenen per Augenschein auszuwählen), die wir als Indikatoren für Fundamentalismus ansehen. Wir bemühten uns darum, uns schon bei der Item-Auswahl von empirischen Kriterien leiten zu lassen. Dieser Prozess begann damit, dass wir zwei Kategorien von Gemeinden unterschieden:

- Erstens Gemeinden, in denen der Pastor bzw. die Pastorin unter verschiedenen Adjektiven, die die gemeindliche Theologie beschreiben, das Wort „fundamentalistisch" angekreuzt hat.
- Zweitens Gemeinden, in denen dieses Stichwort nicht angekreuzt wurde.

Dabei muss betont werden, dass dieser Schritt nicht darauf abzielte, fundamentalistische von nicht-fundamentalistischen Gemeinden zu unterscheiden – dies geschah erst in einem späteren Schritt auf Grundlage des erst noch zu erstellenden Fundamentalismus-Index. Es war vielmehr ein vorbereitender Schritt, um genau zu diesem Fundamentalismus-Index zu gelangen.

Schritt 2: Entwicklung eines „Fundamentalismus-Index"

Als wir die beiden oben genannten Gemeindekategorien miteinander verglichen, machten wir zwölf Items ausfindig, bei denen sich die Gemeinden in den beiden Kategorien am stärksten voneinander unterschieden. Wir gruppierten diese Items in sechs Kategorien mit je zwei Items pro Kategorie. Der Fundamentalismus-Index berechnet sich aus niedrigen Werten in den folgenden Bereichen:

1. Teamentwicklung
2. Bevollmächtigung der Mitglieder
3. Interesse an persönlichen Problemen der Menschen
4. Freudige Atmosphäre
5. Neugierde, persönlich zu wachsen
6. Multiplikationsstruktur

Wenn man nun in jedem der sechs Bereiche nach den gegenteiligen Formulierungen sucht, erhält man eine Beschreibung von Tendenzen, die eine größere Nähe zu fundamentalistischen als zu nicht-fundamentalistischen Gemeinden haben:

1. Autoritäre Führung
2. Hohe Anforderungen, aber wenig persönliche Unterstützung
3. Fokus der Mitarbeiterbetreuung auf das Engagement
4. Gesetzliches Klima
5. Statische Denkstruktur
6. Konzentration auf Kontrolle

Schritt 3: Vergleich von fundamentalistischen und nicht-fundamentalistischen Gemeinden

Auf Grundlage dieses Fundamentalismus-Index (also *nicht* aufgrund der in Schritt 1 erwähnten Selbstbeschreibung) unterschieden wir nun zwischen „fundamentalistischen" und „nicht-fundamentalistischen" Gemeinden. Bei einigen Gemeinden war diese Einordnung aufgrund des Fundamentalismus-Index identisch mit ihrer in Schritt 1 genannten Selbstbeschreibung, bei vielen dagegen nicht. Es war nicht wirklich überraschend zu sehen, dass sowohl im Blick auf Qualität als auch auf zahlenmäßiges Wachstum die als „fundamentalistisch" eingestuften Gemeinden im Vergleich zu nicht-fundamentalistischen Gemeinden deutlich schlechter abschneiden.

Schritt 4: Beobachtung der langfristigen Entwicklung fundamentalistischer Tendenzen

Noch wichtiger als der Vergleich von Momentaufnahmen im Blick auf fundamentalistische und nicht-fundamentalistische Gemeinden war der Vergleich ihrer langfristigen Entwicklung („development over time"). Dabei muss beachtet werden, dass in einem NCD-Prozess der Begriff „over time" sich nicht darauf bezieht, dass man schlicht die Zeit verstreichen lässt, sondern in aller Regel diese Zeit dafür nutzt, aktiv Maßnahmen zu ergreifen, um die gemeindliche Qualität zu fördern. Insbesondere sind es zwei Ergebnisse, die mir signifikant erscheinen:

- Erstens sank der Fundamentalismus-Index aller untersuchten Gemeinden – also unabhängig vom Ausgangspunkt – zwischen dem Erstprofil und einem Wiederholungsprofil um durchschnittlich 7,2 Prozent.
- Zweitens kam es in 67,5 Prozent aller untersuchten Gemeinden zwischen Erst- und Wiederholungsprofil zu einer Reduzierung des Fundamentalismus-Index.

Mit anderen Worten, es lässt sich zeigen, dass der NCD-Prozess, der auf eine Steigerung gemeindlicher Qualität zielt, ein ausgesprochen wirksames Mittel ist, eigene fundamentalistische Tendenzen zu reduzieren.

Schritt 5: Untersuchung des Einflusses auf die Hingabe an die Bibel und an Evangelisation

Einige Beobachter, die mit diesen Daten konfrontiert wurden, äußerten die Vermutung (bzw. Befürchtung), dass die in diesen Fällen sichtbare Reduzierung des Fundamentalismus mit einer verringerten Hingabe an Bibel und Evangelisation einhergehe. Könnte der sinkende Fundamentalismus-Index nicht Anzeichen dafür sein, dass in diesen Gemeinden Bibel und Missionsbefehl weniger ernst genommen werden? Gewiss wäre es denkbar, sich fragwürdiger fundamentalistischer Tendenzen dadurch zu entledigen, dass wir die Substanz des Christentums insgesamt auf das Niveau eines rein nominellen Christseins herunterfahren. Dann gäbe es zwar kein fundamentalistisches Christentum mehr – aber wäre es überhaupt noch Christentum?

Um Licht in diese Frage zu bringen, haben wir einen Quotienten entwickelt, den wir intern als „Bibel-/Evangelisations-Index" bezeichnen. Er besteht aus vier Items des Gemeindeprofils, wobei sich zwei auf die Bibel und zwei auf Evangelisation beziehen:

Bibel:

- Item 1: „Die Bibel ist in meinen täglichen Entscheidungen eine wichtige Richtschnur."
- Item 2: „Ich lese persönlich gerne die Bibel."

Evangelisation:

- Item 1: „Unseren Leitern liegt es am Herzen, Menschen, die Jesus Christus noch nicht kennen, zu erreichen."
- Item 2: „Ich bete für meine Freunde, Kollegen und Verwandten, die Christus noch nicht kennen, dass sie zum Glauben kommen."

Wenn wir nun den Bibel-/Evangelisations-Index mit dem Fundamentalismus-Index vergleichen, lässt sich die Kernaussage in folgendem Satz zusammenfassen: In dem Maße, wie der Fundamentalismus-Index sinkt, steigt der Bibel-/Evangelisations-Index (siehe Grafik rechts). In 87,8 Prozent aller Gemeinden, in denen der Fundamentalismus-Index sank, stieg der Bibel-/Evangelisations-Index im gleichen Zeitfenster.

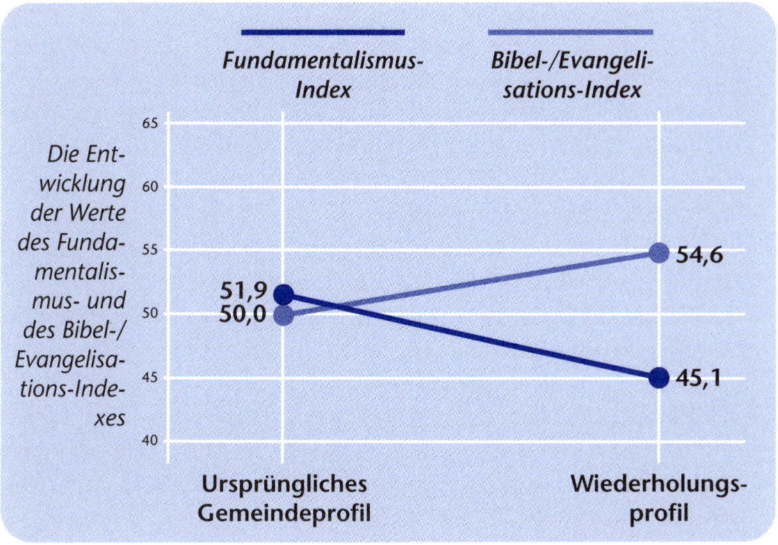

Dieses Diagramm zeigt den Fundamentalismus-Index (dunkelblau) und den Bibel-/Evangelisations-Index (hellblau) zum Zeitpunkt des ersten NCD-Gemeindeprofils (linker Punkt) und zum Zeitpunkt eines Wiederholungsprofils (rechter Punkt). Während der Fundamentalismus-Index um 6,8 Punkte zurückging, stieg der Bibel-/Evangelisations-Index im gleichen Zeitraum um 4,6 Punkte.

Eine revidierte Sicht von Fundamentalismus

Wenn wir nun auf unsere drei anfangs genannten Vermutungen zurückkommen, sehen wir, dass in jedem der drei Bereiche die empirisch messbare Realität das genaue Gegenteil dessen darstellt, was die meisten Menschen vermutet hätten. Schauen wir uns die drei Vermutungen noch einmal an, diesmal im Lichte empirischer Daten:

- Ist Fundamentalismus ein Schlüssel zum Gemeindewachstum? Genau das Gegenteil trifft zu. Je höher der Fundamentalismus-Index einer Gemeinde, desto geringer ist die Wahrscheinlichkeit, dass sie nachhaltig wächst. Die Vermutung, Fundamentalismus trüge zum Gemeindewachstum bei, ist ein bloßer Mythos.
- Ist es möglich, Fundamentalismus zu heilen? Die Antwort ist ein klares „Ja". Gemeinden, die einen NCD-Prozess gestartet haben, legen tag-

täglich von dieser Tatsache Zeugnis ab. Die Vermutung, Fundamentalismus lasse sich nicht kurieren, ist irrig. Fundamentalismus lässt sich sogar äußerst effektiv kurieren, indem man sich auf einen Prozess einlässt, der die Gesundheit („Qualität") in der Gemeinde steigert und damit die Gesundheit in den Köpfen, Händen und Herzen der Menschen. Mehr als zwei Drittel aller Gemeinden (67,5 Prozent), die zwei oder mehr Gemeindeprofile erhoben haben, haben genau das erlebt.

- Wirken sich sinkende fundamentalistische Tendenzen negativ auf die Hingabe an Bibel und Evangelisation aus? Das Gegenteil ist richtig. Je stärker der Fundamentalismus-Index sinkt, desto mehr steigt der Bibel-/Evangelisations-Index. Die Vermutung, Fundamentalisten seien (im Vergleich zu nicht-fundamentalistischen Gemeinden) im Blick auf ihre Hingabe an Bibel und Evangelisation stärker, trifft nicht zu. Sie erwächst daraus, dass dogmatische Aussagen über Bibel und Missionsbefehl mit der tatsächlichen Hingabe an die Bibel und die zu erreichenden Menschen verwechselt werden.

Ein wichtiger Nutzen des Fundamentalismus-Index besteht darin, dass er es uns ermöglicht, Fundamentalismus in Zukunft nicht mehr als Label für eine bestimmte Gruppe zu verwenden, sondern als eine phänomenologische Größe, die – in unterschiedlichem Grad – auf jede Gemeinde und jeden Christen zutrifft. Anstatt fundamentalistische von nicht-fundamentalistischen Menschen kategorisch zu unterscheiden („Du bist fundamentalistisch und ich bin es nicht"), werden fundamentalistische Tendenzen als etwas gesehen, das in gewissem Grad in jedem Menschen steckt.

Die entscheidende Linie verläuft dann nicht zwischen verschiedenen Gruppen bzw. Individuen, sondern mitten durch jeden Christen und jede Christin hindurch. In beiden liegen fundamentalistische und nicht-fundamentalistische Tendenzen miteinander im Streit. Der Fundamentalismus-Index – wenn wir ihn uns der Anschaulichkeit halber auf einer Skala von 0 bis 100 vorstellen – liegt niemals bei 0 und niemals bei 100, sondern immer irgendwo dazwischen. Und er kann im Laufe der Zeit wachsen oder schrumpfen. Für mich als Autor dieser Zeilen ist es äußerst relevant zu wissen, dass ich keine Ausnahme zu dieser Regel bin. Wenn ich mich mit Fundamentalismus beschäftige, dann habe ich es nicht mit Menschen in einem „anderen Camp" zu tun, sondern ich beschäftige mich mit Realitäten in mir selbst.

Die konstruktivste Weise, mit fundamentalistischen Tendenzen umzugehen, besteht vermutlich nicht in einer öffentlichen Anti-Fundamentalismus-Demonstration. Im Lichte unserer Forschung ist es vielmehr die unspektakuläre Arbeit an unseren eigenen persönlichen und gemeindlichen Problembereichen („Minimumfaktoren"). Es könnte sein, dass wir innerhalb dieser Prozesse das Wort „Fundamentalismus“ nicht ein einziges Mal verwenden. Aber wir erleben, dass er sowohl in uns selbst als auch in anderen Menschen deutlich zurückgeht – augenscheinlich ganz „von selbst“. Was an seine Stelle tritt, ist vertiefte Hingabe an Christus und seine Mission.

Sola Scriptura

Ein typisches Ergebnis eines NCD-Prozesses ist nicht nur eine höhere Wertschätzung der Bibel, sondern auch die Bereitschaft, mit der Bibel zu leben und von der Bibel transformiert zu werden – unabhängig vom eigenen theologischen Hintergrund. Dietrich Bonhoeffer hat immer wieder über die Bedeutung einer solchen Haltung gesprochen. Er bestand darauf, dass die Bibel nicht nur als das auf uns gerichtete Wort Gottes gelesen werden dürfe, sondern dass unser Bibelstudium auch die Bereitschaft beinhalten müsse, die Bibel „gegen uns“ zu lesen[1]. Die Kraft des Wortes Gottes kann uns sowohl bestätigen als auch korrigieren. Diese geistig offene, in die Tiefe drängende Haltung gegenüber der Bibel fehlt ironischerweise in vielen Gruppen, die sich so vehement einer „höheren Wertschätzung der Bibel“ verschrieben haben.

Es lohnt sich, einen genaueren Blick auf diejenigen Gruppen zu werfen, die diese „höhere Wertschätzung der Bibel“ einfordern, da wir sowohl Fundamentalisten als auch Nicht-Fundamentalisten in ihren Reihen finden. Nicht alle Kirchen haben sich dem Prinzip *sola scriptura* („allein die Schrift“) verschrieben, aber alle sehen die Bibel als ein Mittel – meist als ein primäres Mittel, manchmal sogar als exklusives Mittel –, um das Wort Gottes zu Gehör zu bringen. Die Bibel hat für alle Kirchen einen normativen Charakter, auch wenn die genaue Art und Weise, wie diese Norm verstanden wird, sich stark voneinander unterscheiden mag.

Es gibt theologische Traditionen, die den schriftlich aufgezeichneten biblischen Kanon mit dem Wort Gottes gleichsetzen („Die Bibel *ist* das Wort Gottes“), und es gibt andere, die sagen würden: „Die Bibel *enthält* das Wort Gottes“[2]. Auch wenn diese Unterschiede beträchtlich sind, sind sich alle Gruppen einig, dass der Bibel ein herausragender Stellenwert im Blick auf Theologie, Spiritualität und Ethik zukommt. Diese Sichtweise schließt nicht aus, auch die menschlichen Elemente der Bibel anzuerkennen, sowohl in ihrer Entstehung als auch in ihrer Überlieferung und Interpretation. Aus dieser Perspektive kann die Bibel als „menschliches Buch“ betrachtet werden, wohl wissend, dass sie zugleich mehr ist als nur ein menschliches Buch. Das zugrunde liegende Verständnis ist, dass Gott zur Kommunikation seines Willens menschliche Faktoren benutzt.

Daneben gibt es unzählige Menschen, die die Bibel als rein menschliches Buch betrachten, auf der gleichen Ebene wie andere bedeutende Werke der Weltliteratur. Sie können mit großem Respekt, mit Skepsis oder auch in einer feindseligen Haltung über die Bibel sprechen. In manchen Denominationen ist diese Position sogar unter einigen der führenden Theologen zu finden, ohne indessen zum Mainstream geworden zu sein. Allgemeiner Konsens ist, dass der Bibel sowohl in der Theologie als auch im christlichen Leben ein herausragender Stellenwert zugemessen werden sollte.

Schauen Sie sich das Diagramm auf der rechten Seite an, das im Blick auf die Frage, ob die Bibel das Wort Gottes vermittelt, vier verschiedene Positionen unterscheidet. Die Matrix enthält zwei Achsen. Auf der vertikalen Achse wird die theologische Position unterschieden: Ist die Bibel ein „rein menschliches" Buch, oder ist sie ein Buch, das das „Wort Gottes" vermittelt (eine Position, die die Anerkennung ihrer menschlichen Faktoren nicht ausschließt)? Die eigentlich interessante Unterscheidung wird jedoch durch die horizontale Achse dargestellt. Sie gibt an, ob die jeweiligen Ansichten engagiert oder rein nominell vertreten werden:

- *Nominell (Position B)* bedeutet, dass man die genannte Lehre – möglicherweise sogar äußerst vehement – verteidigen kann, aber sie dennoch nicht wirklich ernst nimmt. Diese Menschen werden wenig von der Bibel überrascht und nur selten von ihr persönlich herausgefordert. Sie benutzen die Bibel weitgehend dazu, die Ansichten zu verteidigen, die sie aus ihrer christlichen Tradition bzw. Sozialisation übernommen haben. Die Bibel bestätigt, was sie bereits im Voraus gewusst haben bzw. zu wissen meinten. Impulse, die dazu in Spannung stehen, werden unterdrückt und bisweilen sogar bekämpft.
- *Engagiert (Position A)* bedeutet, dass Menschen begierig darauf sind, dem Wort Gottes zu begegnen – was eine Haltung der Neugier und die Bereitschaft einschließt, sich von der Bibel irritieren zu lassen – und Gott inmitten dieser manchmal schmerzhaften Prozesse zu begegnen.

In einigen Gruppen lässt sich sogar die merkwürdige Situation beobachten, dass das Reden über zentrale biblische Inhalte des Neuen Testaments – wie z.B. Gottes Energie – auf den stärksten Widerstand unter denen stößt, die eine hohe Wertschätzung der Bibel propagieren. Bei näherer Betrachtung wird jedoch vielfach deutlich, dass diese Reaktion mehr von Position B als von Position A in unserem Diagramm gespeist wird.

In Gesprächen mit Menschen, die diese Perspektive teilen, habe ich selten eine Neugierde beobachtet, etwas Ungewohnten aus der Bibel zu

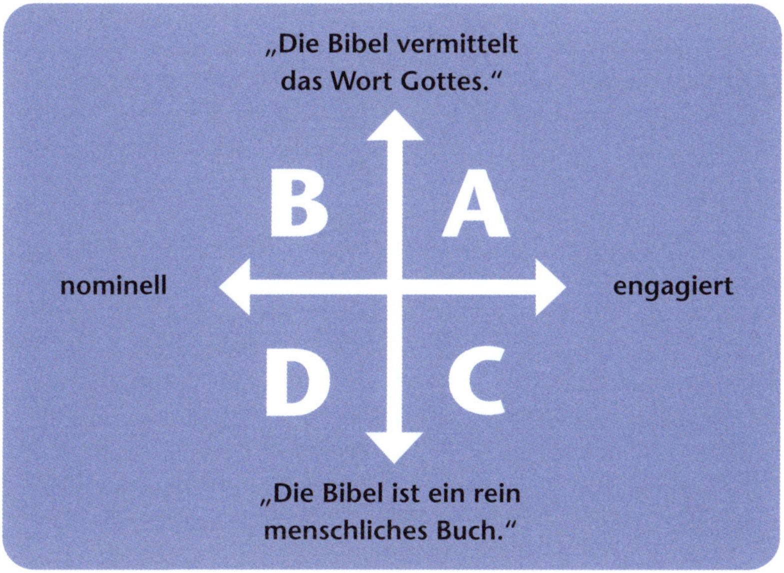

Diese Grafik veranschaulicht vier Positionen, die man im Blick auf die Frage, ob die Bibel Gottes Wort vermittelt, einnehmen kann. Der Unterschied besteht nicht nur darin, welcher Sichtweise man theologisch den Vorzug gibt (y-Achse), sondern auch darin, ob diese Sichtweise tatsächlich das eigene Leben prägt oder nur eine verbale Aussage ohne praktische Konsequenzen ist (x-Achse).

A = Es besteht ein aktives Bestreben, das Wort Gottes in der Bibel kennenzulernen. Das zeigt sich in einer Haltung der Neugier und der Bereitschaft, der Bibel zu erlauben, die eigenen Ansichten in Frage zu stellen.

B = Auf rein theologischer Ebene wird die Bibel als ein Medium zur Vermittlung des Wortes Gottes gesehen, aber dies geht nicht einher mit der Neugierde, im eigenen Bibelstudium neue und ungewohnte Erfahrungen zu machen. Im Zweifelsfall ist der Kanon der eigenen Gewohnheiten und Traditionen wichtiger als das geschriebene Wort.

C = Die Bibel wird als ein rein menschliches Buch gesehen, aber es gibt gleichwohl die Bereitschaft, aus diesem Buch zu lernen und von ihm herausgefordert zu werden.

D = Die Bibel wird als rein menschliches Buch gesehen und hat keine Bedeutung für das eigene Leben.

lernen, von der Bibel herausgefordert zu werden, von der Bibel überrascht zu werden, vielleicht sogar von der Bibel erschüttert zu werden, mit anderen Worten: die Bibel als ein lebendiges Wort zu erleben, als das Wort des lebendigen Gottes. Vielmehr wird die Bibel weitgehend als Mittel zur Verteidigung der eigenen, bereits im Vorhinein feststehenden Ansichten und Praktiken instrumentalisiert.

Wenn diese Menschen zum ersten Mal einem ihnen nicht vertrauten Konzept begegnen (wie z.B. Gottes Energie), dann steht ihre Meinung – auch ohne den geringsten Einsatz zu zeigen, das Konzept aufgrund des neutestamentlichen Befundes zu überprüfen – bereits im Vorhinein fest: Es kann nicht wahr sein. Anstatt die Bibel als einen Weg zu sehen, der uns kontinuierlich dazu führt, die eigene Wohlfühlzone zu verlassen, um dem lebendigen Gott zu begegnen, ist für sie die Bibel zu einem Werkzeug geworden, das die eigene Wohlfühlzone zementiert. Dieser duale Ansatz – die Bibel als Mittel zur Festlegung der eigenen Wohlfühlzone und der Gebrauch der eigenen Wohlfühlzone, um das zu begrenzen, was die Bibel kommunizieren darf und was nicht – wird dann bisweilen mit großer Vehemenz verteidigt. Und man ist ernsthaft davon überzeugt, mit diesem logischen Zirkel die Autorität der Heiligen Schrift zu verteidigen!

In den Kategorien des Diagramms kann dies als ein typischer Ausdruck von „Nominalismus" im Blick auf die Bibel gelten. Dieser Nominalismus kann bisweilen durch die Heftigkeit der Abwehrmechanismen überdeckt werden. Aber was ist es wirklich, das da so vehement verteidigt wird? Die Autorität der Bibel und ihr Recht, in unser Leben hineinzusprechen – oder schlicht die eigene Wohlfühlzone?

Eine vertiefte Auseinandersetzung mit diesen Fragen finden Sie in Band 2 der Energie-Trilogie und in der Glaubens-Trilogie.

Mein Mentor Thomas Bonhoeffer hat wunderbare Worte gefunden, als er Folgendes über die Bibel schrieb: „Die Bibel ist unüberbietbar beirrend. ‚Wie heilig ist diese Stätte!' (1. Mose 28,17) – segensreicher, fruchtbarer, furchtbarer vulkanischer Boden; hier stehen Tempel und wackeln"[3]. Für mich ist es kein Zufall, dass die Bereitschaft, von der Bibel erschüttert zu werden, vom Neffen und Patensohn Dietrich Bonhoeffers artikuliert wird, der bekanntlich die Anliegen der Bibel inmitten einer extrem erschütternden Zeit offenbar so unerschütterlich zum Ausdruck gebracht hat. In Wirklichkeit aber mag Dietrich Bonhoeffer von der Bibel wesentlich stärker erschüttert worden sein als die meisten Christen, und es war dieses Erschüttertwerden, das ihm seine Standhaftigkeit verlieh.

Erwarten wir ernsthaft, dass wir Standhaftigkeit entwickeln, solange wir uns weigern, uns von der Bibel erschüttern zu lassen?

Kapitel 10: Überholte Bilder von Glaube und Wissenschaft ausmustern

***These 10:** Viele Menschen haben den Eindruck, es gäbe eine unüberbrückbare Kluft zwischen Wissenschaft und Glaube. Dieser Eindruck ist das Ergebnis dessen, was als „Kategorieverwechselung" bezeichnet werden kann. Es ist, als würden wir fragen: „Ist eine Birne grün oder eine Frucht?" Bei näherem Hinsehen besteht keinerlei Konflikt zwischen Wissenschaft und Glaube. Wohl aber gibt es Konflikte zwischen den feindlichen fundamentalistischen Flügeln, die gar nicht merken, dass sie fortwährend in die Falle der Kategorieverwechselung tappen.*

Eine Universität in Asien hatte eine öffentliche Debatte über „Glaube und Denken" organisiert. Ich war eingeladen, einer der Diskussionsteilnehmer zu sein. Als ich im Hörsaal ankam und auf den für die Diskutanten aufgestellten Tisch auf der Bühne schaute, sah ich meinen Namen auf einem Schild mit dem Begriff „Glaube" darunter. Zusammen mit anderen „Glaubens"-Vertretern sollte ich am rechten Ende des Tisches Platz nehmen, während die „Denken"-Vertreter ihre Plätze am linken Ende hatten. Ich nahm mein Namensschild, schrieb „Denken" unter meinen Namen und setzte mich an das linke Ende des Tisches. Der freundliche Moderator wies mich darauf hin, dass dies der falsche Platz für mich sei: „Das ist für die Vertreter des Denkens, Sir." Ich antwortete: „Ich weiß, Sir. Deshalb habe ich mich hier hingesetzt."

Mein Verhalten war in diesem Zusammenhang gewiss nicht das denkbar höflichste, aber ich wollte meinen Standpunkt von Anfang an überdeutlich machen. Warum sollte das Emblem „Glaube" für mich passender sein als „Denken"? In meiner täglichen Arbeit bei NCD International wende ich fortwährend wissenschaftliche Methoden der empirischen Forschung an, und wenn es um Theologie geht, halte ich mich an hohe Standards im Blick auf Logik, historisches Verständnis, linguistische Präzision und Rationalität. Die Glaube/Denken-Unterscheidung passt in dem Moment, in dem sie für die Kategorisierung von Menschen herangezogen wird, einfach nicht. Gläubige Menschen nutzen die Vernunft – oder *sollten* sie zumindest nutzen – genau wie alle anderen auch. Und es gibt keine Wissenschaft ohne Glauben. Dies mag kein Glaube im christlichen Sinne sein, bei dem der dreieinige Gott, der Vater Jesu Christi, im Zentrum steht, aber im Gespräch mit Wissenschaftlern trifft man meist sehr schnell auf überaus stark ausgeprägte Glaubenssysteme, die sich bisweilen sogar als die tiefste Quelle für wissenschaftliche Innovationen herausstellen.

Ist eine Birne grün oder eine Frucht?

Viele der gegenwärtigen Publikationen auf dem religiösen Markt erwecken den Eindruck, es gäbe einen Kampf zwischen Glaube und Denken, Glaube und Wissen oder Glaube und Wissenschaft. Manchmal werden die beiden Kategorien sogar so positioniert, als ob es sich um etwas gegenseitig Ausschließendes handle. Die weitaus meisten der vermeintlichen Widersprüche sind jedoch Folge eines logischen Fehlers, der in der Philosophie als „Kategorieverwechselung" bezeichnet wird. Dieser Ausdruck klingt abstrakter als die Realität dahinter. Denken Sie nur an die Frage: „Ist eine Birne grün oder eine Frucht?", und Sie verstehen unmittelbar, worum es geht. Wir behandeln Merkmale, die zu verschiedenen Kategorien gehören – wie „grün" und „Frucht" – als Teil derselben Kategorie. Wir postulieren ein „oder", wo ein „und" das ganze Problem ohne Weiteres lösen könnte.

Die legendäre Auseinandersetzung zwischen dem italienischen Wissenschaftler Galileo Galilei und Kardinal Roberto Bellarmino zu Beginn des 17. Jahrhunderts kann als klassisches Beispiel für Kategorieverwechselung betrachtet werden. Bellarmino lehnte die Aufforderung ab, einen Blick durch Galileis Teleskop zu werfen, da er eine „bessere" Quelle der Erkenntnis hatte: die Bibel. Für Bellarmino war die Bibel nicht nur der genaueste, sondern auch der einzige notwendige Wegweiser für Astronomie und andere Wissenschaften. So bekam er niemals die Realität, die Galilei beschrieb, zu Gesicht. Sein monokategoriales Denksystem machte es ihm unmöglich, jedwede Realität außerhalb dieser Denkweise auch nur wahrzunehmen.

Heute mögen wir geneigt sein, mit einem von mildem Lächeln begleiteten Stirnrunzeln auf diese Anekdote zu reagieren. Bei näherer Betrachtung werden wir jedoch überrascht sein, wie viele der heutigen Konflikte zwischen Wissenschaft und Glauben durch genau den gleichen logischen Fehler gekennzeichnet sind, der eine sinnvolle Kommunikation zwischen Galilei und Bellarmino unmöglich machte. Johannes Kepler, ein Zeitgenosse von Galilei und Bellarmino, drückte den Kern dieses Fehlers so aus:

„Die Bibel ist kein Lehrbuch der Optik und Astronomie", schrieb er und rief aus: „Widersetzt Euch diesem Missbrauch"[1]. Wenn man sich heute, etwa vierhundert Jahre später, die Debatten zwischen religiösen und wissenschaftlichen Fundamentalisten anschaut, scheint es, als wären wir nicht über die Zeiten von Kepler hinausgekommen oder vielleicht sogar dahinter zurückgefallen. Waren all die klaren und überzeugenden Argumente, die in diesen vierhundert Jahren vorgebracht wurden, vergeblich? Müssen wir wirklich noch einmal von vorne anfangen – da wo Galilei, Bellarmino und Kepler gestartet sind?

Während es keinen Widerspruch zwischen Wissenschaft und Glaube gibt – so wie Grünheit und Fruchtigkeit einer Birne problemlos zusammen existieren können –, gibt es sehr wohl Konflikte um das Thema Glaube und Wissenschaft. Wir finden sie insbesondere in drei Konstellationen:

- erstens zwischen fundamentalistischen Christen und Naturwissenschaft;
- zweitens zwischen fundamentalistischen Atheisten und Christentum;
- drittens zwischen fundamentalistischen Atheisten und fundamentalistischen Christen.

Der Versuch, die eigene bevorzugte Kategorie – sei es die Bibel oder die Wissenschaft oder was auch immer – als universellen Schlüssel für alles zu verwenden, ist ein gemeinsames Merkmal aller Formen von Fundamentalismus. So wie man die Bibel nicht benutzen kann, um Astronomie zu studieren, kann man kein Teleskop dazu benutzen, um Gott zu finden. Fundamentalisten sehen die Grenzen ihrer eigenen Kategorien als Grenzen der Wirklichkeit. Alles, was sich außerhalb dieser Kategorien befindet, existiert entweder nicht, ist falsch oder wird als bedrohlich empfunden.

> **„Ich bin an keiner Form von Religion interessiert, die mich dazu zwingt, meinen Kopf an der Garderobe abzugeben."**

Wissenschaftliche Methoden (es gibt eine Vielzahl von ihnen, und sie unterscheiden sich erheblich voneinander) wurden entwickelt, um jeweils ganz spezifische Fragen zu beantworten und andere nicht. Um Rilkes *Stundenbuch* zu verstehen, wäre eine chemische Analyse des Papiers, auf dem dieses Buch gedruckt wurde, unzureichend, und um Mahlers *Dritte Sinfonie* zu verstehen, wäre eine

Untersuchung des digitalen Mediums, das die Musik enthält, vollkommen sinnlos. Ebenso ist die Bibel ein Buch, das verwendet werden kann, um Antworten auf ganz bestimmte Fragen zu finden, nicht aber auf andere. Wir können nicht erwarten, dass wir Elektrizität verstehen, indem wir die Bibel studieren, und wir können nicht erwarten, dass wir durch das Studium der Elektrizität einen liebenden Gott finden werden.

Jede intellektuelle Methode, die wir anwenden, grenzt unsere Perspektive ein, d.h. sie blendet Tausende von Aspekten der Wirklichkeit aus, um einen bestimmten Aspekt umso schärfer in den Blick zu nehmen. Es gibt nicht die *eine* Methode, die universell anwendbar wäre. Weder Naturwissenschaft noch Philosophie noch Religion kann alle Fragen des Lebens beantworten. Die Wissenschaft gibt uns Einblick in die geschaffene Welt, aber sie zeigt uns nicht den Weg zu Gott. In ähnlicher Weise ist „Jesus" eine hilfreiche Antwort für Menschen, die den Weg zu Gott finden wollen, aber keine passende Antwort, wenn sie den Weg von Düsseldorf nach Dresden suchen. Auch wenn solche Vergleiche ein wenig banal klingen mögen, müssen wir doch bedenken, dass viele der weitaus anspruchsvolleren Auseinandersetzungen um Wissenschaft und Glaube darunter leiden, dass in ihnen diese grundlegende Unterscheidung nicht gemacht oder vielleicht sogar noch nicht einmal verstanden wird.

Naturwissenschaft versucht nicht, Gott als Teil ihres Erklärungssystems zu benutzen, sondern reduziert ihre Perspektive aus methodischen Gründen auf das, was empirisch überprüfbar, messbar und von der mit Raum und Zeit verbundenen Ursache-Wirkung-Gesetzmäßigkeit geprägt ist. Da Gott nicht Teil der geschaffenen Welt ist, ist er kein Objekt der Naturwissenschaft. Er ist weder wissenschaftlich verifizierbar noch messbar. Wenn ein Naturwissenschaftler in seiner Rolle als Naturwissenschaftler eine bestimmte Beobachtung macht, die er nicht erklären kann, benutzt er nicht die Vokabel „Gott" als Erklärung, und er sollte sie auch nicht benutzen. Vielmehr sollte er seine empirische Forschung fortsetzen. Dazu ist Naturwissenschaft da. Dieser methodische Weg ist kein Defizit. Probleme entstehen allerdings dann, wenn die naturwissenschaftliche Methode als die einzig mögliche Art der Beschreibung von Wirklichkeit gesehen wird.

Die amerikanische Biologin Eugenie Scott hat es treffend formuliert: „Weder leugnet die Naturwissenschaft das Übernatürliche noch widerspricht sie ihm; aber sie ignoriert das Übernatürliche aus methodischen Gründen"[2]. Gott kann weder von der Wissenschaft gefunden noch kann seine Existenz durch wissenschaftliche Argumente bestritten werden. Sowohl die Aussage „Ich glaube an Gott" als auch „Ich glaube nicht an Gott" sind Ausdruck von Glauben, nicht von Wissenschaft.

Empirische Wirklichkeitsebene	Transempirische Wirklichkeitsebene
immanent	transzendent
kausal	teleologisch
Erklärung	Bedeutung
beweisbar	möglich
Wissenschaft	Religion
beobachtbar	ableitbar
„Physik“	„Metaphysik“

Diese Tabelle listet einige Merkmale der empirischen Ebene im Gegensatz zur transempirischen Ebene auf. In jedem einzelnen Fall schließen sich die Merkmale nicht gegenseitig aus, sondern ergänzen einander.

Das Wesen des Glaubens

Werfen Sie einen Blick auf die oben stehende Tabelle. Sie unterscheidet einen empirischen Zugang zur Wirklichkeit (linke Spalte) von einem transempirischen Zugang (rechte Spalte). Im Gegensatz zur Naturwissenschaft konzentriert sich Glaube auf die transempirische Ebene, ohne auf sie beschränkt zu sein. Glaube befasst sich *auch* mit Realität, die nicht wissenschaftlich bewiesen werden kann. Das ist kein Schwachpunkt, sondern das Wesen des Glaubens. Diese Tatsache bedeutet nicht, dass ein solcher Ansatz irrational sei. Vielmehr verweist er schlicht auf Wirklichkeit jenseits der rationalen Ebene. Dabei muss jede Glaubensaussage zwei Kriterien erfüllen:

- Erstens darf sie nicht im Widerspruch zu gesicherten Teilen wissenschaftlicher Erkenntnis stehen. Eine Glaubensaussage muss nicht wissenschaftlich belegt sein – in diesem Fall wäre sie keine Glaubensaussage mehr. Wohl aber muss die logische Möglichkeit einer Glaubensaussage nachweisbar sein. Ein Verstoß gegen dieses Prinzip lässt eine religiöse Haltung zu Aberglauben degenerieren. Umgekehrt müssen wissenschaftliche Fakten nicht „geglaubt“, sondern sollten einfach akzeptiert (oder aber wissenschaftlich widerlegt) werden.

- Zweitens darf eine Glaubensaussage nicht den Eindruck erwecken, als sei sie eine wissenschaftliche Aussage. Glaubensaussagen sind nicht für jeden Menschen verbindlich. Ein Gläubiger muss sich bewusst sein, dass seine Glaubensaussage eine von zahlreichen Möglichkeiten ist, die Realität zu interpretieren. Es mag gute Gründe für die Propagierung dieser spezifischen Interpretation geben, aber es ist eine Frage des Glaubens zu entscheiden, ob man dieser Interpretation folgen will oder nicht. Während eine bestimmte Aussage für die Person, die sie glaubt – oder auch für die Gemeinschaft, die sie glaubt – verbindlich sein kann, ist sie nicht für alle anderen Menschen ebenso verbindlich. Wissenschaftliche Erkenntnisse sind es dagegen sehr wohl.

Wenn Menschen Gott den Schöpfer hinter naturwissenschaftlichen Daten sehen wollen, hindert die Wissenschaft sie nicht daran, diese Sichtweise einzunehmen. Es ist eine mögliche Interpretation, ebenso wie es etliche Interpretationen gibt, die die Existenz Gottes nicht einschließen. Einige Menschen mögen die Welt atheistisch, andere deistisch, andere aus buddhistischer Perspektive, andere aus christlicher Perspektive deuten. Die Natur an sich ist offen für zahlreiche Interpretationen.

Wir müssen uns insbesondere davor hüten, „Gott" als eine Art Jokerbegriff für alles zu verwenden, was wissenschaftlich nicht erklärbar ist. Im Laufe der jüngeren Kirchengeschichte waren unzählige Christen stets auf der Suche nach Lücken in der Beweislinie wissenschaftlicher Kausalität, und einige sind es bis heute. Wann immer sie eine solche Lücke aufspüren, frohlocken sie und füllen diese Lücke, indem sie Gott einfügen. Sie merken gar nicht, dass sie durch die Gleichsetzung von Gott mit dem, was (noch) nicht verstanden worden ist, zu drei verhängnisvollen Trugschlüssen beitragen:

- Erstens: Da sie empirische Lücken ständig mit metaphysischer Substanz zu füllen versuchen, vermischen sie die beiden Kategorien und behandeln Gott gleichsam als Objekt der geschaffenen Welt. Sie merken nicht einmal, dass das Bild eines Gottes, der sich ständig damit beschäftigt, Lücken zu schließen, weder allzu viel mit dem Gott der Bibel zu tun hat, noch intellektuell überzeugend bzw. attraktiv ist. In der Bibel geht es nicht darum, Gott als Joker aus dem Ärmel zu ziehen, wenn wissenschaftliche Erklärungsversuche nicht ausreichen.
- Zweitens ist bei diesem Ansatz vorprogrammiert, dass Gott (bzw. das, was für Gott gehalten wird) mit jedem wissenschaftlichen Fortschritt dazu verurteilt ist, immer kleiner zu werden. Hatte Gott irgendwann einmal die ganze Kathedrale des Universums ausgefüllt, muss er sich am Ende gewissermaßen auf den Altar zurückziehen. Es ist kaum ver-

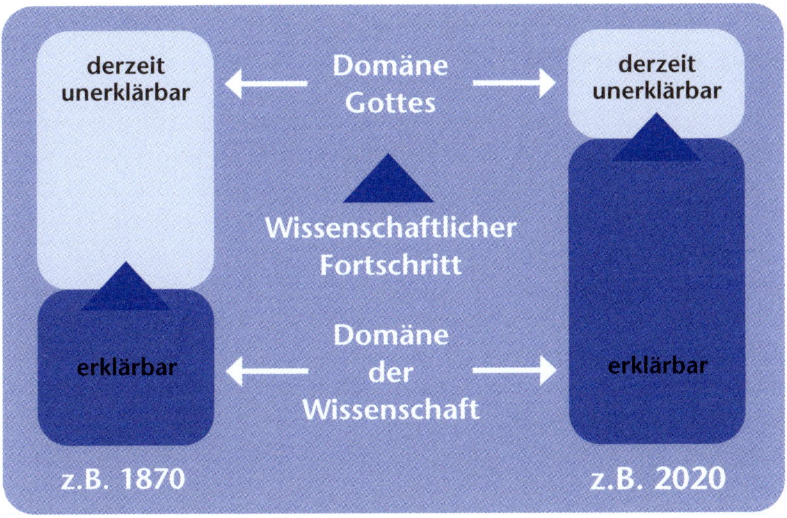

Dieses Diagramm veranschaulicht das Defizit, das dem Konzept von Gott als „Lückenbüßer" zugrunde liegt. Wenn Gott primär mit dem verbunden wird, was von der Wissenschaft nicht erklärt werden kann, dann ist dieser Gott dazu verdammt, mit jedem Fortschritt in der wissenschaftlichen Erkenntnis zu schrumpfen.

wunderlich, dass sich Vertreter dieser Ansicht nicht über wissenschaftlichen Fortschritt freuen können, lässt er doch ihren „Gott" – aber Gott sei Dank nicht Gott selbst – schrumpfen (siehe Diagramm oben).

- Drittens wird durch dieses Verfahren Gott unausweichlich zum „Freund der Ignoranz", wie es der britische Physiker Paul Davies ausdrückte[3]. Da in diesem Paradigma vermehrte wissenschaftliche Erkenntnis Gott bedroht, müssen seine Vertreter den wissenschaftlichen Fortschritt entweder ignorieren oder als ungültig, wenn nicht gar als Übel betrachten. In einigen Teilen des Christentums können wir noch heute Spuren dieser Denkweise aufspüren. Sie hat stärkere kontraproduktive Auswirkungen auf die Verbreitung des Christentums als alle atheistische Propaganda.

Vor diesem Hintergrund ist es verständlich, dass Dietrich Bonhoeffer sich leidenschaftlich gegen die Vorstellung eines Gottes als „Lückenbüßer", wie er es nannte, wandte. Der Gott, den er verehrte und mit dem er seine nicht-christlichen Freunden in Kontakt bringen wollte, war definitiv kein Gott, der mit jedem wissenschaftlichen Fortschritt schrumpfen würde. Für Bonhoeffer hätte eine solche Sichtweise bedeutet, Gott zu einem Götzen zu machen.

Die Grenzen der eigenen Kategorie anerkennen

Wie wir gesehen haben, muss jede Wissenschaft insofern „reduktionistisch" sein, als sie unzählige Aspekte der Realität ausblenden muss, um mit erhöhter Schärfe ein bestimmtes Detail oder eine bestimmte Perspektive im Blick auf unzählige Details in den Blick zu bekommen. Das ist keine Kritik. Es ist der notwendige „methodische Atheismus", den ich zuvor beschrieben habe, und der nicht mit Atheismus im Sinne eines persönlichen Glaubensbekenntnisses verwechselt werden darf. Wenn es um empirische Forschung geht, bin ich selbst „methodischer Atheist", d.h. die Tatsache, dass ich Christ bin, hat keinerlei Einfluss auf die von mir oder meinem Team angewandte Forschungsmethodik. Wenn Atheisten jedoch ihre persönlichen Ansichten (die sie wie jeder Andere natürlich haben und äußern dürfen) als „wissenschaftliche Erkenntnisse" präsentieren, verletzen sie ein Schlüsselprinzip wissenschaftlichen Argumentation. Sie wechseln in eine andere Kategorie, während sie weiterhin die Methoden und Werkzeuge anwenden, die entwickelt wurden, um innerhalb der Grenzen ihrer ursprünglichen Kategorie genutzt zu werden. In vielen Fällen ist ihnen dieser logische Fauxpas nicht einmal bewusst.

Das Gleiche kann auch umgekehrt geschehen. Wenn Christen Erfahrungen mit Gott machen, steht es ihnen frei, über diese Erfahrungen zu reden. Aber sie sollten sie als persönliche Gefühle, Meinungen oder Interpretationen bezeichnen, vielleicht auch als biblische Offenbarungen, nicht aber als wissenschaftliche Fakten. Wenn sie eine bestimmte Erkenntnis anhand der Bibel gewinnen, können sie diese als verbindlich für sich selbst und eventuell sogar für andere Christen betrachten. Aber sie sollten nicht verlangen, dass alle anderen Menschen diese Ansicht ebenfalls teilen müssten.

Es ist immer ein logischer Fehler, die Grenzen der eigenen Lieblingskategorie – ob es sich nun um eine biblische Interpretation, eine biologische Perspektive oder eine mathematische Sichtweise handelt – mit den Grenzen der Wirklichkeit gleichzusetzen. Die Tatsache, dass ein bestimmtes Merkmal nicht auf der eigenen mentalen Landkarte erscheint, bedeutet nicht, dass dieses Merkmal nicht existiert. Was der Vernunft nicht bewusst ist, kann dennoch Realität sein.

Albert Einstein hat diesen Gedanken in wunderbaren Worten ausgedrückt. Auf die Frage, ob alles auf physikalische Gesetzmäßigkeiten zurückgeführt werden könne, antwortete er: „Ja, das ist denkbar, aber sinnlos. Es wäre eine Abbildung mit inadäquaten Mitteln, so als ob man eine Beethoven-Symphonie als Luftdruckkurve darstellte"[4]. Aus physikalischer Sicht ist es richtig, dass Beethovens Musik aus Schallwellen besteht, aber diese Erklärung hilft uns nicht dabei, das Wesen seiner Musik zu verstehen. Wir müssen uns auf die Perspektive der Musikwissenschaft einlassen, die definitiv nicht mit Physik gleichzusetzen ist. Und wir müssen noch weiter gehen und uns für die transrationale Kategorie der künstlerischen Wahrnehmung öffnen, die sich mit Musikwissenschaft überschneidet und sich dennoch von ihr unterscheidet. Der Wechsel aus der Perspektive der Physik in die der Musikwissenschaft oder der künstlerischen Wahrnehmung ist weder irrational noch unvereinbar mit Physik. Wir sind auch dann noch Physiker, wenn wir Beethovens Musik einschalten, die Augen schließen und eine Realität wahrnehmen, für die die physikalische Beschreibung „Schallwellen“ zwar zutreffend, aber unzureichend ist. Albert Einstein hörte nicht auf, ein großer Physiker zu sein, als er genau das tat. Er wechselte einfach von der Kategorie der Physik zu einer anderen Kategorie der Wirklichkeit. Die Fähigkeit, zwischen verschiedenen Kategorien zu wechseln, ist ein Merkmal geistiger Reife.

Jeder von uns hat in einigen Kategorien mehr Erfahrung gesammelt als in anderen. Deshalb ist es nur natürlich, dass die Perspektiven, Fragestellungen und Methoden unserer Lieblingskategorie für uns wichtiger sind als andere Perspektiven, Fragestellungen und Methoden. Aber diese Tatsache sollte uns nicht dazu verleiten, die Berechtigung anderer Kategorien in Abrede zu stellen. Wir mögen selbst farbenblind sein, aber das sollte uns nicht dazu führen, die Existenz von Farben zu bestreiten. Wir mögen selbst keinerlei künstlerisches Talent haben, aber das sollte uns nicht dazu bringen, die Existenz künstlerischer Schönheit zu bestreiten. Wir mögen ungläubig sein, aber das sollte für uns kein Grund sein, die Existenz Gottes als eine mögliche, logische und potenziell hilfreiche Kategorie – mit deren Hilfe wir die „Rohdaten“, denen wir in unserem Leben begegnen, sinnvoll interpretieren können – zu leugnen.

Es ist eine Tatsache, dass viele Menschen Schwierigkeiten haben, Gott in ihrem Leben zu erfahren. Infolgedessen erklären sie, dass Gott nicht existiere, abwesend oder tot sei. Eine solche Reaktion ist verständlich, aber sie ist nicht logisch zwingend. Dadurch, dass wir unsere Augen schließen, hört die Sonne nicht auf zu existieren. Gott stirbt nicht, wenn die Menschen aufhören, nach ihm zu fragen. Wenn wir nicht in der Lage sind, hinter den Vorhang zu blicken, sollten wir nicht behaupten, dass es hinter diesem Vorhang nichts gäbe. Atheistische Argumente können Gottes Existenz in Frage stellen, aber sie können nicht Gottes Nicht-Existenz beweisen. Wie bereits erwähnt, ist die Aussage „Ich glaube nicht an Gott“ immer noch ein Glaubensbekenntnis. Es gibt keine wissenschaftlichen Fakten, die jemanden zwingen würden, diese Ansicht zu teilen.

RAUM FÜR DAS TRANSRATIONALE

Christlicher Glaube ist nicht irrational, auch wenn der Glaube einzelner Menschen bisweilen irrationale Züge aufweisen kann. Rationalität ist ein wichtiges Kennzeichen gesunden Glaubens. Geistliche Erfahrungen können und sollten mit einer kritischen Bewertung dieser Erfahrungen einher gehen. Alles, was sich im Bereich von Raum und Zeit manifestiert, ist offen für wissenschaftliche Untersuchungen.

Ein erheblicher Teil meiner eigenen Arbeit in der Gemeindeentwicklung ist von diesem analytischen Ansatz, der auf Methoden der Soziologie, Psychologie und Statistik beruht, geprägt. Die Tatsache, dass wir Christen oder Atheisten sind, mag uns motivieren, verschiedene Fragen überhaupt zu stellen und möglicherweise auch dazu, bestimmte Daten unterschiedlich zu deuten. Sie hat aber keinen Einfluss auf die Forschungsmethodik an sich. Würde mein eigener Glaube an Gott verblassen, wäre ich wahrscheinlich nicht mehr motiviert, so viel Zeit und Geld zu investieren, um Antworten auf Fragen zu finden, die in meiner neuen Identität als Nichtchrist für mich nicht mehr von starkem Interesse wären. Aber es hätte keinen Einfluss auf die Forschungsmethoden selbst. Und es würde keine der bisher gewonnenen Erkenntnisse außer Kraft setzen.

Schauen Sie sich das Diagramm rechts an. Es verdeutlicht drei Gesetzmäßigkeiten, derer wir uns bewusst sein sollten:

- Erstens ist gesunder Glaube, wie durch die beiden mittleren Boxen dargestellt, sowohl rational (rechte blaue Box) als auch transrational, d.h. mehr als rational (linke blaue Box). Beide Dimensionen sollten miteinander in Wechselbeziehung stehen (blauer Kreis). Wenn dieser Kreislauf durchbrochen wird, treten die Gefahren auf, die von den beiden Boxen ganz rechts und links angezeigt werden.
- Zweitens: Wenn wir den rationalen Pol aufgeben, mutiert der transrationale Pol auf eine Weise, dass er irrationale Züge annimmt. Dann wird die Rationalität nicht transzendiert, sondern ihr wird widersprochen. Bei dieser Denkweise wird die bloße Tatsache, dass sich einige Phänomene geistlicher Art wissenschaftlich erklären lassen (z.B. die historischen Ursprünge der biblischen Schriften, die empirischen Faktoren beim Wachstum von Gemeinde, oder psychologische Aspekte in geistlichen Erfahrungen), mit Skepsis, wenn nicht gar mit Feindseligkeiten betrachtet. Diese Art von Irrationalität wird dann auch noch als außerordentlich tiefer Ausdruck des Glaubens fehlgedeutet.
- Drittens: Wenn wir den transrationalen Pol aufgeben, verwandelt sich der rationale Pol in die Weltanschauung des Rationalismus. Im Ratio-

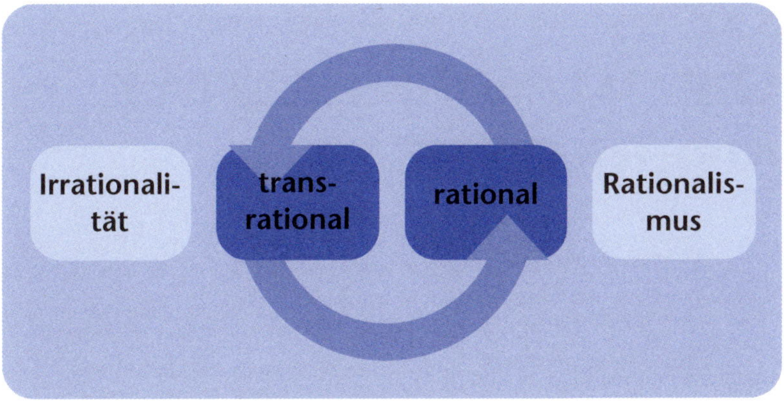

Rationalität und Transrationalität sollten auf komplementäre Weise miteinander in Beziehung gesetzt werden. Solange sich unser Zugang zur Wirklichkeit auf eine der beiden Dimensionen reduziert, entstehen die doppelten Gefahren von Rationalismus und Irrationalität.

nalismus definieren und begrenzen unsere eigenen rationalen Normen, wie Gott handeln darf, sofern er überhaupt handeln darf. Weite Teile des religiösen Lebens des westlichen Christentums, insbesondere im Protestantismus, sind von einer solchen rationalistischen Denkweise geprägt bzw. ihr zum Opfer gefallen. Während eine rationale Sicht zur Geltung bringt: „Rationalität ist wichtig, aber es gibt mehr als Rationalität“, postuliert der Rationalismus: „Außerhalb der Grenzen der Rationalität gibt es nichts.“

Eine vertiefte Auseinandersetzung mit diesen Fragen finden Sie in Band 2 der Energie-Trilogie und in Band 1 der Glaubens-Trilogie.

Je stärker der Rationalismus eine bestimmte Kultur durchdringt, desto stärker wird die Gegenreaktion der Irrationalität ausfallen – und umgekehrt. Die Position in der Mitte, die durch das Zusammenspiel des rationalen und des transrationalen Pols zustande kommt, sollte nicht als Kompromiss zwischen Rationalismus und Irrationalität verstanden werden. Vielmehr ist sie eine dritte Position ganz eigener Art, die die Grenzen eines rationalistischen und eines irrationalen Paradigmas zu überwinden vermag.

Diese integrierte Sichtweise ist einer der Schlüssel, um den transzendenten Gott inmitten unseres Lebens zu erfahren. Wenn die beiden genannten Pole nicht in angemessener Weise miteinander verbunden werden, schaffen wir einen unwirklichen Gott und eine gottlose Wirklichkeit.

Kapitel 11:
Die 10/90-Realität anerkennen

These 11: *Selbst extrem engagierte Gemeindemitglieder verbringen nur äußerst selten mehr als 10 Prozent ihrer Wachzeit in kirchlich organisierten Veranstaltungen. Der Schwerpunkt zukünftiger Aktivitäten sollte nicht darin bestehen, diesen Prozentsatz zu steigern, sondern Menschen zu befähigen, in den übrigen 90 Prozent die Werte und die Kraft des Reiches Gottes zum Ausdruck zu bringen – genau dort, wo sie die meiste Zeit verbringen, und unter den Menschen, mit denen sie natürlich verbunden sind. Je jünger ein Mensch ist, desto entscheidender ist dieser Grundsatz für das eigene geistliche Überleben.*

Eine typische Frage in einer Gemeindeberatung lautet: „Wie können wir an die Menschen herankommen, die wir erreichen wollen?" Auch wenn dieser Frage eine edle Motivation zugrunde liegen mag – nämlich der „Welt" dienen zu wollen –, basiert sie doch auf einer Reihe von irreführenden Annahmen. Tatsache ist, dass jede Gemeinde bereits mit genau den Menschen verbunden ist, für die sie Verantwortung tragen sollte – den Beziehungsnetzen ihrer jeweiligen Mitglieder.

Auf der Suche nach einem „weltlichen" Christentum

Gegen Ende seines Lebens verdichtete Dietrich Bonhoeffer seine Erkenntnisse über das Wesen der Kirche in einer einfachen Formel: Kirche für Andere. Im Rahmen seiner Theologie bezog diese Formel Bonhoeffers zwei Prinzipien, die er in der Christologie gefunden hatte („Christus als Gemeinschaft existierend" und „Christus für Andere"), auf die Ekklesiologie, die Lehre von der Kirche. Er argumentierte leidenschaftlich gegen alle Versuche, eine „sakrale" Sphäre von der säkularen Welt zu trennen, oder schlimmer noch, eine Grenze zwischen beiden Bereichen zu ziehen.

Nach Bonhoeffers Überzeugung war die Hingabe an die Welt Gradmesser für die Wahrhaftigkeit des Christseins. Deshalb konnte er in einer Zeit, als Juden im nationalsozialistischen Deutschland systematisch ermordet wurden, ausrufen: „Nur wer für die Juden schreit, darf auch gregorianisch singen“[1]. Eine derartige Haltung war gemeint, wenn er für ein „weltliches Christentum“ plädierte – Nachfolge inmitten der Welt, in Solidarität mit leidenden Menschen. Ihm ging es ganz eindeutig nicht um ein „Christentum light“, in dem christliche Unterhaltung mit Nachfolge Jesu verwechselt wird.

Bonhoeffer vertiefte dieses Verständnis von „Weltlichkeit“ in seiner *Ethik*. Er machte deutlich, „dass es kein wirkliches Christsein außerhalb der Wirklichkeit der Welt“ gebe. „Es gibt keinen Rückzugsort des Christen von der Welt, weder äußerlich noch in die Sphäre der Innerlichkeit“[2]. Und ein paar Sätze später: „Seine Weltlichkeit trennt ihn nicht von Christus, und seine Christlichkeit trennt ihn nicht von der Welt. Ganz Christus angehörend steht er zugleich ganz in der Welt“[3].

Die Werte des Reiches Gottes dort leben, wo wir gerade sind

Der Schlüssel zu diesem theologischen Konzept ist etwas, das schon fast trivial klingen mag: das Netzwerk der Beziehungen ernst zu nehmen, das jeder Christ hat – sowohl Mitchristen als auch Nichtchristen umfassend – und proaktiv Verantwortung für genau diese Gruppe zu übernehmen. Dazu gehören Familienmitglieder, Nachbarn, Kollegen und Freunde.

Wenn „Gemeinde“ in erster Linie als etwas verstanden wird, das innerhalb kirchlicher Gebäude (und gelegentlich auch mal an anderen Orten) stattfindet, dann wird die Wirkung des Christentums als „Salz“ und „Licht“ der Welt unausweichlich auf einen äußerst überschaubaren Bereich reduziert. Wenn wir jedoch aufhören, auf Trennungslinien zu schauen, und uns auf die natürlichen Netzwerke bereits bestehender Beziehungen konzentrieren, nimmt die Zahl der Menschen, denen dabei geholfen wird, Zugang zu den Werten und der Kraft des Reiches Gottes zu finden, dramatisch zu.

> ***„Man kann doch Christ sein, ohne zu einer Kirche zu gehören!“***

Das ist es, was mit dem Begriff „10/90-Realität“ gemeint ist. Nur wenige Christen verbringen mehr als 10 Prozent ihrer Wachzeit innerhalb gemeindlich organisierter Aktivitäten. Wenn diese 10 Prozent jedoch bewusst darauf ausgerichtet sind, den Gemeindemitgliedern zu helfen, Verantwortung für ihre bestehenden Beziehungsnetzwerke zu übernehmen, wird buchstäblich 100 Prozent ihrer Zeit zu

„Kirchenzeit" – ob man nun diesen Begriff verwenden mag oder nicht. Die künstliche Grenze zwischen „Gemeindeleben" und dem Rest des Lebens löst sich auf. Die Christen arbeiten, lachen, feiern, weinen, lernen, reden und dienen jeden Tag als „Kirche in der Welt". Während sie regelmäßig zu einer gottesdienstlichen Veranstaltung „gehen" mögen, „gehen" sie nicht mehr „in die Kirche", da sie Gottes Gemeinde zu keinem Zeitpunkt verlassen, wenn sie sich mitten in der Welt befinden.

Gemeinde hat schon immer am besten funktioniert, wenn sie sich auf bestehende Beziehungsnetzwerke konzentrierte. Donald A. McGavran, der Vater der modernen Gemeindewachstumsbewegung, nannte diese Beziehungen „Brücken Gottes"[4]. In unserer Zeit, die die Ausdrucksformen von Identität und Gemeinschaft radikal neu definiert, hat diese grundlegende Erkenntnis neue Brisanz gewonnen.

Die gute Nachricht ist, dass wir gar nichts Neues schaffen müssen, um dieses Konzept umzusetzen. Die Beziehungsnetzwerke sind ja bereits vorhanden. Die Menschen mögen sich dafür entscheiden, „die Kirche" zu verlassen, aber sie können sich niemals eines persönlichen Beziehungsnetzes entledigen. Der Paradigmenwechsel besteht schlicht darin, dass sie ihr bestehendes Netzwerk auch wirklich wahrnehmen, ihren eigenen Einfluss in ihm erkennen und sich gezielt um die Menschen zu kümmern beginnen, mit denen sie bereits verbunden sind.

Aussen- oder Innenfokus?

In den letzten Jahren haben viele christliche Gruppen die Notwendigkeit betont, sich auf das Leben in und mit der Welt zu konzentrieren. Großartig! Einige von ihnen – vielleicht etwas irritiert durch binäres Denken – geben dabei die Parole aus, *jede* Gemeinde müsse sich weniger nach innen und mehr nach außen hin ausrichten (entsprechend der Denkstruktur: „innen = schlecht", „außen = gut"). Das Bemühen um gemeindliche Qualität ist für sie ein Symptom für geistliche Nabelschau, für das Kreisen um sich selbst. Ihr Motto lautet: „Lasst euch nicht von dem ganzen Gerede über Gemeindequalität ablenken. Geht einfach raus!" In unzähligen Fällen ist diese Empfehlung jedoch fatal. Durch das NCD-Gemeindeprofil können wir deutlich erkennen, ob eine Gemeinde sich mehr auf interne Faktoren konzentrieren oder aber ihre nach außen gerichteten Aktivitäten erweitern sollte. Etwa die Hälfte der von uns untersuchten Gemeinden hat gute Gründe, klar erkennbaren Schwachpunkten ihres inneren Lebens Priorität zu geben. Wenn diese Bereiche vernachlässigt werden, werden ihre nach außen gerichteten Pläne zwangsläufig durch drei Faktoren untergraben:

- Erstens gibt es ohne ein ausreichendes Maß an gemeindlicher Gesundheit keine nachhaltige Grundlage, um genau die Menschen zu rekrutieren, zu motivieren und zu bevollmächtigen, die dann „nach draußen gesandt" werden könnten.
- Zweitens wird das Fehlen geistlicher Reifungsprozesse im Leben derjenigen, die sich nach „außen" wenden (genau diese Reife ist ja mit gemeindlicher „Qualität" gemeint), sie unzureichend dafür ausrüsten, Christus gegenüber den Menschen zu repräsentieren, denen sie begegnen. Gemeindequalität zeigt sich in der geistlichen Gesundheit der einzelnen Mitglieder – buchstäblich in ihren Köpfen, Händen und Herzen –, und das sind Werte, die Christsein an jedem denkbaren Ort attraktiv und relevant machen.
- Drittens benötigen diejenigen Menschen, die durch den Einsatz der Christen Interesse gewonnen haben, eine persönliche Beziehung zu Gott zu beginnen, dringend eine Gemeinschaft, in der sie wachsen können. Für dieses Wachstum ist es unerlässlich, dass ihre Gemeinschaft gesund ist, also eine „hohe Qualität" hat. Andernfalls wird die überwältigende Mehrheit der Menschen die Reise mit Gott abbrechen, bevor sie recht eigentlich begonnen hat.

Eine Gemeinde mit hoher Qualität zeichnet sich durch einen gesunden Rhythmus von Ein- und Ausatmen, Konsolidierung und Expansion, Empfangen und Weitergeben aus. Christliche Leiter, die einen ausschließlich nach außen gerichteten Fokus einfordern (Ausatmen! Expandieren! Weitergeben!), brennen ihre Mitarbeiter aus. Die Ergebnisse dieser Versuche – egal wie edel die Motivation auch sein mag – können dramatisch, ja geradezu erschütternd sein.

Die Ausbildungskurse von Dietrich Bonhoeffer für zukünftige Pfarrer waren dafür bekannt, dass sie sorgsam auf die notwendige Balance zwischen innerer und äußerer Ausrichtung achteten. In seinem illegalen Predigerseminar in Finkenwalde baute er eine Gemeinschaft auf, die in vielerlei Hinsicht einem Kloster glich. Auf den ersten Blick mochte das wie Rückzug aus der Welt erscheinen, und Bonhoeffer musste sich dieser Kritik stellen. Er machte deutlich, dass Phasen des Fokus nach innen notwendig sind, wenn wir Menschen rekrutieren und bevollmächtigen wollen, ihren Dienst in und an der Welt zu tun. Das Ziel von Bonhoeffers Seminar war definitiv nicht ein Sich-Abschotten *von* der Welt, sondern die Stärkung der Menschen für ihren Dienst *in* der Welt. Solche Zeiten der inneren Einkehr stärkten das Rückgrat Bonhoeffers und seiner Mitstreiter, die sich energisch gegen die Tyrannei des Nazi-Staates stellten.

Wenn Christen 90 Prozent ihrer Wachzeit nicht in der Lage sind, als Salz und Licht in der Welt zu wirken, wird das die „weltverändernden" Absichten, die sie in den 10 Prozent ihrer gemeindlich organisierten Aktivitäten zum Ausdruck bringen, ziemlich sicher zunichte machen.

Die „Millennials" verstehen

Sowohl in der Marketing- als auch in der missiologischen Literatur gibt es derzeit zahlreiche Veröffentlichungen über die sogenannte *Generation Y*, deren Vertreter bisweilen auch „Millennials" genannt werden. Diese Begriffe wurden geprägt, um Menschen zu bezeichnen, die zwischen 1980 und 2000 zur Welt gekommen sind. Dabei wird davon ausgegangen, dass Millennials eine Reihe von Eigenschaften aufweisen, die sie stark von denen unterscheiden, die vor 1980 geboren wurden. Es wird prognostiziert, dass diese Eigenschaften, sowohl die positiven als auch die ambivalenten, die Kirche der Zukunft prägen werden. Könnte es sein, dass eine Kirche, die die 10/90-Realität versteht und lebt, ein Schlüssel zum Dienst an und mit Millennials ist?

Da der Fragebogen des NCD-Gemeindeprofils bis heute von etwa 2,3 Millionen Menschen ausgefüllt wurde, verfügen wir über eine ausreichend große Datenbank, um Selektionen vorzunehmen, die empirisch verifizierbare Einstellungen und Verhaltensweisen innerhalb verschiedener Altersgruppen abbilden. Die Unterschiede zwischen Millenniumsjahrgängen und Nicht-Millenniumsjahrgängen (im Folgenden als Vergleichsgruppe bezeichnet) sind in der Tat auffällig. Für mich sind die vier wichtigsten Entdeckungen die folgenden:

- Erstens erleben Millennials das gleiche Gemeindeleben *positiver* als ältere Generationen. Wer die einschlägige Literatur über Millennials und ihr zunehmendes Unbehagen am Gemeindeleben studiert, mag diese Entdeckung als überraschend empfinden. Unsere Daten zeigen jedoch, dass Millennials bei fast zwei Dritteln der Items (65,9 Prozent) positiver geantwortet haben als Vertreter der Vergleichsgruppe. Sowohl ihre Einstellung gegenüber ihrer Gemeinde als auch ihre Erfahrungen mit ihr ist im Durchschnitt besser als bei anderen Gemeindemitgliedern.
- Zweitens beziehen sich in den Fällen, in denen Millennials auf eine bestimmte Aussage negativer reagierten als ältere Generationen, die entsprechenden Punkte fast ausschließlich auf ihr *eigenes* Verhalten und ihr eigenes Engagement, nicht auf ihr gemeindliches Umfeld. Auf unserem Fragebogen haben wir Items, die sich mit dem christlichen Glauben auf Organisations- bzw. Gemeinschaftsebene befassen (z.B. „Die Aktivitäten unserer Gemeinde werden gut geplant und organisiert");

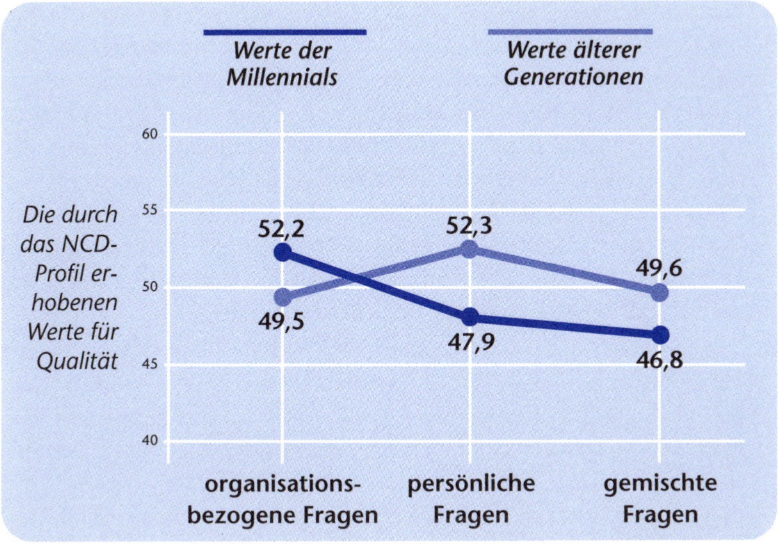

Dieses Diagramm vergleicht die Werte von Millennials (dunkelblaue Linie) mit älteren Generationen (hellblaue Linie) im Blick auf verschiedene Kategorien von Fragen des NCD-Gemeindeprofils. Bei den organisationsbezogenen Fragen (links) geht es um die Gemeinde als Ganze. Die persönlichen Fragen (Mitte) haben mit dem Leben der Person, die den Fragebogen ausgefüllt hat, zu tun. In der Kategorie der gemischten Fragen (rechts) ist die persönliche mit der organisationsbezogenen Dimension kombiniert. Während die Antworten der Millennials zu höheren Werten in der Kategorie der organisationsbezogenen Fragen führen, sinken diese Werte deutlich, sobald die Fragen das eigene Engagement und die eigenen Erfahrungen ansprechen.

Items, die sich mit dem Leben des Menschen befassen, der den Fragebogen ausfüllt (z.B. „Zeiten des Gebets sind für mich eine inspirierende Erfahrung“); sowie Items, die eine Mischung aus beiden Kategorien darstellen (z.B. „Die Aufgaben, die ich in unserer Gemeinde übernommen habe, machen mir Freude“). Als wir uns die Items näher ansahen, die das persönliche Leben der Menschen betreffen, stellten wir fest, dass Millennials im Vergleich zu älteren Generationen im Durchschnitt (von lediglich zwei Items abgesehen) niedrigere Werte erzielten. Mit anderen Worten: Während Millennials das gemeinschaftliche Leben der Gemeinde positiver erleben als Andere, schätzen sie ihr *eigenes* Engagement und ihre eigenen Erfahrungen negativer ein.

- Drittens machen Millennials in Gottesdiensten weniger positive Erfahrungen als andere. Die meisten Werte im Zusammenhang mit dem Qualitätsmerkmal „inspirierender Gottesdienst" sind niedriger, wenn Millennials den Fragebogen ausfüllen (z.B. „Der Gottesdienst hilft mir, Gott selber zu begegnen"). Diese Tendenz gilt wohlgemerkt unabhängig davon, ob es sich um einen traditionellen oder einen zeitgenössischen Gottesdienst handeln mag. In beiden Fällen erleben Millennials den Gottesdienst weniger positiv als ältere Generationen. Interessanterweise hängt diese Bewertung weniger mit der Form des Gottesdienstes zusammen als mit sich selbst als Besucher bzw. Teilnehmer.
- Viertens haben sowohl auf persönlicher als auch auf gemeinschaftlicher Ebene Millennials mehr Schwierigkeiten als andere Menschen, in Verbindung zu Gott zu treten, also das zu erfahren, was in anderen Teilen dieses Buches als „Gottes Transzendenz mitten in unserem Lebens" bezeichnet wurde. Gleichzeitig kann vermutet werden, dass sie sich mehr als Andere nach genau dieser Erfahrung sehnen. In fast jeder Ausdrucksform persönlicher Spiritualität haben Millennials deutlich niedrigere Werte als Vertreter anderer Generationen, die die gleichen Gemeinden besuchen. Hier sind drei Beispiele: „Zeiten des Gebets sind für mich eine inspirierende Erfahrung." „Die Bibel ist in meinen täglichen Entscheidungen eine wichtige Richtschnur." „Ich erfahre Gottes Wirken in meinem Leben." In allen diesen Fällen und in zahlreichen mehr sind die Werte von Millennials niedriger als die der Vergleichsgruppe.

Da Millennials die meisten Fragen des Gemeindeprofils positiver beantwortet haben als Vertreter älterer Generationen, ist es umso aufschlussreicher, diejenigen Bereichen unter die Lupe zu nehmen, in denen ihre Antworten tendenziell negativer ausfallen als die der Vergleichsgruppe. Die Mehrheit dieser Punkte bezieht sich auf einen der folgenden beiden Bereiche:

- Erstens *leidenschaftliche Spiritualität* als persönlicher Ausdruck der Verbundenheit mit Gott.
- Zweitens *inspirierender Gottesdienst* als gemeinschaftlicher Ausdruck der Verbundenheit mit Gott.

Unsere Daten zeigen, dass die Erfahrung eines Gottesdienstes als „inspirierend" in starker Weise von der Intensität geistlicher Leidenschaft abhängt, die Menschen in den Gottesdienst einbringen. Mit anderen Worten, je höher ihre persönliche geistliche Leidenschaft, desto wahrscheinlicher ist es, dass sie eine bestimmte gottesdienstliche Versammlung als „inspirierend" erleben. Aus diesem Grund ist es zwecklos zu erwarten, dass man einen Gottesdienst für Millennials (oder sonst jemanden) dadurch „inspirierender" machen könnte, dass man allein an Änderungen der äußeren Formen arbeitet.

Es ist wichtig zu verstehen, dass Millennials nicht in erster Linie mit der Art und Weise unzufrieden sind, wie Gemeinde organisiert ist. Vielmehr verspüren sie Unbehagen im Blick auf ihre *eigenen* Bemühungen, Gott praktisch zu erfahren – eine Dimension, die im Kontext der 90 Prozent ihrer Zeit, die sie außerhalb kirchlich organisierter Aktivitäten verbringen, eine Schlüsselrolle spielt. Die Sehnsucht von Millennials ist nicht so sehr auf organisierte Veranstaltungen gerichtet (Gottesdienste, Gebetsgruppen usw.) oder auf bestimmte „geistliche" Zeiten, die sich von ihrem gewöhnlichen Leben unterscheiden (persönliche Andacht, Gebetszeit). Ihre geistliche Sehnsucht richtet sich vielmehr auf 100 Prozent ihrer Zeit, was die 10 Prozent der von der Gemeinde organisierten Aktivitäten beinhalten mag oder auch nicht.

Millennials scheinen ein stärkeres Bewusstsein als Andere dafür zu haben, dass etwas im Christentum fehlt – selbst wenn sie in Gemeinden mit hoher Qualität voller Unterstützung, Akzeptanz, Respekt und Liebe leben. Sie haben vielleicht nicht das Vokabular, um ihr Unbehagen angemessen zu verbalisieren, und viele mögen nicht über die konzeptionellen Werkzeuge verfügen, um ihrerseits eine Alternative anzubieten. Es scheint jedoch, dass die 90 Prozent der Wachstunden außerhalb kirchlich organisierter Aktivitäten viel mit dem zu tun haben, was ihnen in ihrer gemeindlichen Erfahrung fehlt. Und sie scheinen ausgesprochen offen zu sein, zu erforschen, was in diesem Bereich getan werden sollte.

Stellen Sie sich vor...

Stellen Sie sich nun eine Form von Christentum vor, das zunehmend durch die folgenden Merkmale gekennzeichnet ist:

- Erstens die Bevollmächtigung von Menschen jeden Alters, die Wirklichkeit Gottes in 100 Prozent ihrer Zeit zu erfahren, nicht lediglich in bestimmten Versammlungen oder zu besonderen Anlässen. Buchstäblich die Transzendenz Gottes mitten in ihrem Leben – während sie WhatsApp, Instagram oder Youtube benutzen, ein Musikfestival besuchen oder mit Freunden auf einen Drink ausgehen. Eine Realität, die nicht durch das Ausloten von Grenzen definiert ist, sondern durch die Konzentration auf gemeinsame Werte, gemeinsame Interessen, authentischen und respektvollen Austausch über verschiedene Standpunkte und den Mut, Fragen und Zweifel offen zu äußern.

- Zweitens die Entdeckung von Gottes motivierender Energie als etwas, das uns unabhängig von unseren jeweiligen religiösen Glaubenssystemen inspiriert. Das Erlebnis von Gottes Präsenz sowohl in personaler als auch in transpersonaler Dimension. Die Identifizierung von Gemeinsamkeiten mit Nichtchristen im transpersonalen Bereich. Die Entdeckung, dass Gott unsere selbst geschaffenen Barrieren überwindet, ob diese nun zwischen Christen unterschiedlicher Glaubensrichtungen, zwischen Christen und Atheisten oder zwischen den eigenen christlichen Überzeugungen und den eigenen Zweifeln bestehen.
- Drittens die Erkundung all dieser Dinge inmitten einer unterstützenden Gemeinschaft, in der jedem dabei geholfen wird, mit Gott gemäß des eigenen geistlichen Stils in Verbindung zu treten. Die Erkenntnis, dass dieser Stil oft nur wenig mit „theologischen Positionen" zu tun hat, ja diesen bisweilen sogar zuwiderläuft. Im Bereich des eigenen Stils wachsen und von denen lernen, die eine andere Art des Zugangs zu Gott haben. Sowohl Christen als auch Nichtchristen in diese lebensfördernde Erfahrung einbeziehen.

Eine vertiefte Auseinandersetzung mit diesen Fragen finden Sie in Band 3 der Energie-Trilogie, in Band 2 der Bonhoeffer-Trilogie und in der Glaubens-Trilogie.

Wenn die kirchliche Realität so wäre, müssten wir uns keine Sorgen mehr machen, Millennials – und mit ihnen vielleicht die Zukunft der Kirche – zu verlieren.

Kapitel 12: In einen Prozess fortwährenden Wachstums einsteigen

These 12: *Der christliche Glaube ist per Definition ein Prozess kontinuierlichen Wachstums. Während die meisten westlichen Christen dieser Aussage durchaus zustimmen würden, wird sie in der Praxis nur selten ernst genommen. Forschungen zeigen: Je länger ein Mensch Christ ist, desto wahrscheinlicher wird es, dass sich das geistliche Leben rückwärts entwickelt.*

Niemals zuvor hatte ich etwas in den sozialen Medien gepostet, das so häufig geteilt wurde als die folgende Aussage: „Hoch signifikante – und möglicherweise explosive – Forschungsergebnisse. Es gibt einen negativen Zusammenhang zwischen der Anzahl der Jahre, die ein Mensch Christ und Mitglied einer Gemeinde ist, und 35 Qualitäten, die nach unseren Untersuchungen zur Gesundheit von Gemeinde beitragen." Das traf ganz offensichtlich viele in Mark und Bein. Ich erhielt eine Menge Kommentare zu diesem Beitrag, die von „Schreckliche Zahlen! Herr, erbarme dich unser", bis zu „Das finde ich ermutigend. Mehr als 50 Prozent aller Christen, die seit über zwanzig Jahren auf dem Weg sind (was lang genug ist, um aller Naivität ein Ende zu machen), sind immer noch dabei. Großartig!"

Seit dieser Zeit hat sich unser Team sehr viel intensiver mit dem Thema beschäftigt. Unter anderem haben wir zwanzig Fragen ausfindig gemacht, die als Schlüsselindikatoren für die geistliche Gesundheit eines Menschen angesehen werden können. Von diesen zwanzig Fragen haben nur vier eine positive Korrelation zur Anzahl der Jahre, in denen ein Mensch Christ ist, während sechzehn eine negative Korrelation aufweisen. Die Reaktionen auf drei dieser Fragen werden im Diagramm auf der nächsten Seite dargestellt.

Angst vor Wachstum

Für jemanden, der sein ganzes Leben lang darin investiert hat, dass Menschen geistliches Wachstum erleben, haben diese Ergebnisse in mir durchaus gemischte Gefühle ausgelöst. Es ist eine Sache, die Daten zu erforschen

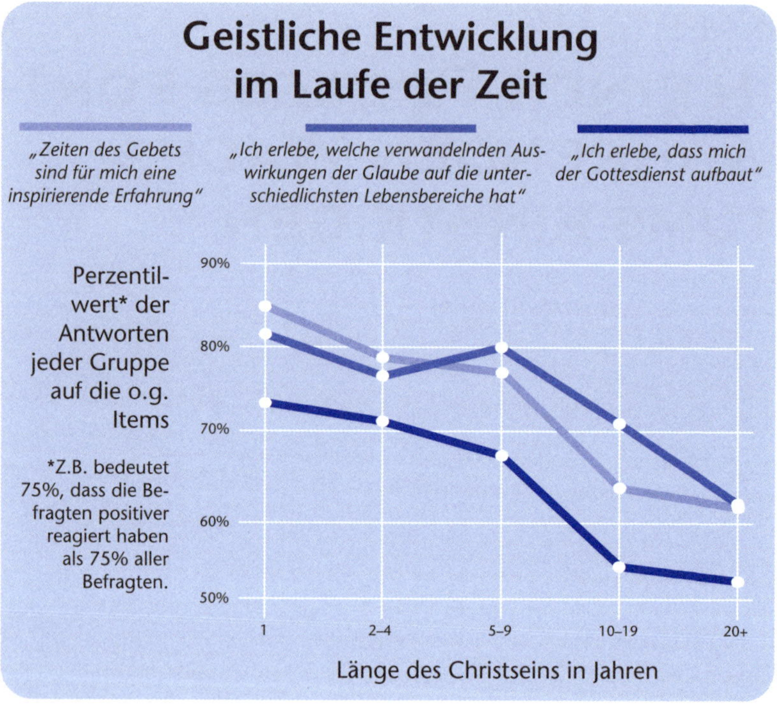

Das Diagramm zeigt drei von sechzehn Items, die darauf hindeuten, dass die Qualität des christlichen Lebens in vielen Bereichen abnimmt, je länger ein Mensch Christ und Gemeindemitglied ist.

und zu kommunizieren, aber es ist etwas gänzlich Anderes, sie zu interpretieren und aus ihnen die richtigen Schlüsse zu ziehen. Kommen wir zu einigen möglichen Interpretationen:

- Erstens gibt es in allen Religionen Widerstand gegen Veränderungen. Menschen, die einer Religion – z.B. dem Christentum – beitreten bzw. innerhalb einer Religion ein persönliches „Erweckungserlebnis" haben, vollziehen einen enormen Wandel. Dieser betrifft buchstäblich jeden Bereich ihres Lebens. Man sollte meinen, dass eine so positive Erfahrung mit Veränderung Menschen motivieren würde, daraufhin nach weiteren Veränderung zu streben. Aber das ist nicht der Fall. Sobald diese lebensverändernde Entscheidung getroffen und gefestigt ist (ein Prozess, der zwischen zwei und fünf Jahren dauern kann), tritt eine völlig gegenläufige Entwicklung ein. Von diesem Zeitpunkt an besteht die Neigung, die vorgenommenen Veränderungen zu verteidigen.

Dieselben Menschen, die noch bis vor kurzem bereit waren, alles in Frage zu stellen, auf was sie in ihrem Leben gebaut hatten, beginnen nun, ihren neuen Status quo zu verteidigen, der sich aus dieser Veränderung ergeben hat. Es mag sein, das uns diese Entwicklungen nicht gefallen. Wir müssen aber akzeptieren, dass sie allgegenwärtig sind.

- Zweitens gibt es – trotz gegenteiliger Aussagen – in westlichen Kirchen so gut wie keine in der Gesamtheit wirklich ernst genommenen Konzepte für fortwährendes Wachstum. Als wir die Bedürfnisse von Gemeindemitgliedern erforschten, konnten wir sowohl ambivalente als auch edle Wünsche ausfindig machen, aber der Wunsch, kontinuierliches Wachstum zu erleben, war nicht dabei. Im Großen und Ganzen ist das westliche Christentum von einem statischen Konzept des Christseins geprägt. Wer erst einmal seine Entscheidung (Bekehrung, Taufe, Gemeindezugehörigkeit) getroffen hat, hat damit das große Ziel bereits erreicht. Glaube wird eher im Sinne von statisch definierten Verhaltensweisen verstanden denn als Beteiligung an einem fortwährenden Veränderungsprozess, in dessen Verlauf Menschen Christus immer ähnlicher werden.
- Drittens haben unsere Untersuchungen gezeigt, dass sich die meisten Veränderungsprozesse im Christentum mit der Organisationsebene beschäftigen, nicht mit dem Leben des Einzelnen. Als wir die Wiederholungsprofile des NCD-Gemeindeprofils studierten und die Veränderungen auf persönlicher Ebene mit denen auf organisatorischer Ebene verglichen, machten wir eine erstaunliche Entdeckung: Während sich die Qualität in den auf die Organisation gerichteten Bereichen um 3,8 Punkte verbesserte, stieg die Qualität im Bereich der persönlichen Items lediglich um 2,0 Punkte. Gemeinden machen 85 Prozent mehr Fortschritt auf organisatorischer als auf individueller Ebene! Um diese Einsicht in normales Deutsch zu übertragen: Die Organisationsstrukturen einer Kirche zu verändern ist gar nicht so schwer; die Köpfe, Herzen und Hände des Einzelnen dagegen sehr.

„Ich will in der Kirche nicht wie ein Kind behandelt werden – und ich will nicht mit unmündigen religiösen Leuten zusammen sein.“

- Viertens lassen sich die meisten Menschen erst dann auf Veränderungsprozesse ein, wenn sie mit einer schweren Krise konfrontiert sind. Ohne den Schmerz einer Krise sind sie nur wenig motiviert, sich dem Schmerz zu stellen, der unausweichlich mit Veränderung verbunden ist. Die überwältigende Mehrheit wartet, bis Veränderung unvermeidlich geworden ist, d.h. bis der Krisenschmerz als stärker empfunden wird als der Schmerz der Veränderung.
- Fünftens können wir in einigen Gemeinden gezielte Versuche erkennen, Menschen unmündig zu halten. Die Leiter dieser Gemeinden wollen nicht, dass die Menschen wachsen, denn mündige und verantwortungsbewusste Mitglieder würden sich nicht darauf beschränken, einfach das zu tun, was ihre Leiter ihnen sagen. Zunehmende Mündigkeit wird von manchen Leitern durchaus als Bedrohung empfunden.
- Sechstens ist die Praxis, Christen dauerhaft auf „Anfängerniveau" zu halten, bisweilen durch etwas Anderes motiviert. Die Leiter dieser Gemeinden sind aufrichtig daran interessiert, Nichtchristen zu erreichen. Infolgedessen werden alle Aspekte des gemeindlichen Lebens darauf ausgerichtet, den Bedürfnissen Außenstehender Rechnung zu tragen. An sich ist das ein guter Gedanke. Allerdings kann dieser Ansatz, wenn er sich verselbständigt, zu einem Klima führen, in dem diejenigen Christen, denen es nicht genügt, sich immer wieder aufs Neue mit den Anfangsgründen des Christseins zu beschäftigen, als „geistlich arrogant" gebrandmarkt werden. Alle Gemeindemitglieder werden angehalten, sich ständig mit den Bedürfnissen von kirchenfernen Menschen zu identifizieren, und bisweilen werden sie sogar ermutigt, ihre eigenen Wachstumsbedürfnisse zu ignorieren, da diese im Verdacht stehen, nichts weiter als „geistliche Nabelschau" zu sein.
- Siebtens zeigen unsere Daten, dass Gemeinden mit hoher Qualität in der Lage sind, die Grundlagen des christlichen Glaubens an neue Gläubige zu vermitteln und ihnen bei persönlichen Veränderungsprozessen zu helfen. Die gleichen Verfahren indessen, die zu Beginn der geistlichen Reise gut funktionieren, haben zu einem späteren Zeitpunkt nicht mehr die gleiche Wirkung. Es ist ein Zeichen für geistliche Mündigkeit und Reife, Verantwortung für das eigene Wachstum zu übernehmen, anstatt dies an eine Ortsgemeinde oder an eine andere Gruppe zu „delegieren". Wenn diese Wende zur Übernahme von Verantwortung für das eigene Wachstum nicht geschieht, stagniert das geistliche Wachstum oder entwickelt sich sogar rückwärts.

Voranschreiten und Unterstützen

Ein Schlüssel zu einer gesunden Führungskultur ist das Bemühen, den voranschreitenden und den unterstützenden Pol miteinander in Balance zu bringen. Während der voranschreitende Pol den Menschen Mut macht, ihre Wohlfühlzone zu verlassen und ihre Grenzen kontinuierlich zu überschreiten, hilft ihnen der unterstützende Pol bei der Erreichung dieses Ziels.

Durch meine Begegnungen mit meinem Mentor Thomas Bonhoeffer habe ich viel über diese Zusammenhänge gelernt. In der Bonhoeffer-Familie scheint eine ausgeprägte Kultur zu herrschen, in allen menschlichen Interaktionen beide Pole zum Ausdruck zu bringen. Während der voranschreitende („fordernde") Pol bisweilen geradezu als bedrohlich erscheinen kann, hilft der Wechsel zum unterstützenden („bevollmächtigenden") Pol, den Schmerz zu ertragen, der Teil eines jeden Veränderungsprozesses ist. Wenn Menschen ständig mit beiden Polen konfrontiert werden, sind sie in der Lage, fortwährendes Wachstum zu erleben.

Es gibt ein bewegendes Dokument, das eindrucksvoll Zeugnis von dem Bemühen ablegt, sowohl fordernd als auch bevollmächtigend zu sein und von anderen Menschen zu erwarten, dass sie ebenfalls fordernd und bevollmächtigend sind. Nachdem Thomas' Vater Klaus, der Bruder von Dietrich Bonhoeffer, für seine Beteiligung an der Verschwörung gegen Adolf Hitler zum Tode verurteilt worden war, schrieb er einen langen Brief an Thomas und seine Geschwister. Dieser Brief enthüllt, was ihm wirklich wichtig war, und welche Werte er in die Herzen seiner Kinder pflanzen wollte.

„Meine lieben Kinder! Ich werde nicht mehr lange leben und will nun von Euch Abschied nehmen", begann der Brief. „Das wird mir sehr schwer; denn ich habe jeden von Euch so sehr lieb und Ihr habt mir nur immer Freude gemacht." In dem Wissen, dass er seine Kinder nie mehr wiedersehen würde, formulierte er im Folgenden Worte, die sich stark von jenen netten, freundlichen, aber immer auch etwas „plastikhaften" Aussagen unterscheiden, die man auf vorgedruckten Karten zu allerlei Anlässen finden kann. Unter den Aussagen, die er aufgeschrieben hat, finden wir die folgenden:

- „Stellt Ansprüche an Euch und Eure Freunde."
- „Nach Anerkennung streben macht Euch unfrei... Hört nicht auf billigen Beifall."
- „Stoßt Euch nicht gleich an dem, was fremd ist oder Euch missfällt."
- „Überlasst Euch nicht allein den frommen Stimmungen."
- „Bleibt nicht im Halbdunkel, sondern ringt nach Klarheit, ohne das Zarte zu verletzen und das Unnahbare zu entweihen."

- „Dringt in die Bibel ein und ergreift selbst von dieser Welt Besitz, in der nur gilt, was Ihr erfahren und Euch selbst in letzter Ehrlichkeit erworben habt.“

Und er schloss den Brief mit den Worten: „Dann wird Euer Leben gesegnet und glücklich sein. Lebt wohl! Gott schütze Euch! In treuer Liebe umarmt Euch Euer Papa“[1].

Jedes Mal, wenn ich Thomas gegenübersitze, spüre ich, dass der Samen dieses Briefes in seinem Leben aufgegangen ist. Selten bin ich einer Person begegnet, die so anspruchsvoll sein kann – und gleichzeitig so unterstützend. Und ich kann in jeder Zelle meines Körpers spüren, wie sehr diese Haltung mir hilft, selbst zu wachsen.

Wenn man die Briefe von Thomas' Patenonkel Dietrich studiert, fällt es einem nicht schwer, den gleichen Geist zu spüren. „Ich habe oft beobachtet, dass es darauf ankommt, was für Ansprüche man an sich selbst stellt. Manche verderben sich selbst dadurch, dass sie sich mit Mittlerem abfinden“[2], schrieb Dietrich in einem seiner Briefe aus der Haft. In einem anderen Dokument brachte er zum Ausdruck: „Qualität ist der stärkste Feind jeder Art von Vermassung. Gesellschaftlich bedeutet das den Verzicht auf die Jagd nach Positionen, den Bruch mit dem Starkult, den freien Blick nach oben und nach unten“[3]. Mit anderen Worten, kontinuierliches Wachstum zielt nicht darauf ab, einen guten Eindruck auf Andere zu machen („Starkult“), sondern ständig am eigenen Charakter zu arbeiten. Das ist ein schmerzhafter Prozess. Bonhoeffers Verständnis von Bevollmächtigung beinhaltete die Bereitschaft, diesen Schmerz zu ertragen und darauf zu hoffen, dass Andere ebenfalls bereit sind, ihn zu ertragen.

Die Funktion von Schmerz in Wachstumsprozessen

Es gibt eine weitverbreitete Tendenz innerhalb des Christentums, Schmerzen aus dem Wege zu gehen, einschließlich von Wachstumsschmerz. Diese Tendenz hat sich in den letzten Jahren deutlich verstärkt, da sich viele Menschen daran gewöhnt haben, alles „wegzuklicken“, was mit Unbehagen verbunden sein könnte. In diesen Gruppen wird „Segen“ geradezu als die Abwesenheit von Schmerz interpretiert, und Schmerzgefühle als die Abwesenheit von Gottes Segen, wenn nicht gar von Gott selbst. Aber ohne Schmerz gibt es keine Veränderung, und ohne Veränderung gibt es kein Wachstum, und ohne Wachstum gibt es keine Reife, und ohne Reife gibt es keine Fähigkeit, Schmerzen auszuhalten. Es ist wichtig zu lernen, Schmerz nicht als ein Symptom des Scheiterns zu deuten, sondern als einen Hinweis darauf, dass Gott in uns wirkt und dass tatsächlich Wachstum geschieht.

In der natürlichen Gemeindeentwicklung betonen wir die strategische Bedeutung des „Minimumfaktors" einer Gemeinde. In unserer weltweiten Forschung konnten wir acht Qualitätsmerkmale gesunder Gemeinden identifizieren, und der Minimumfaktor ist derjenige der acht Bereiche, der zu einem bestimmten Zeitpunkt am schwächsten entwickelt ist. Die Arbeit am Minimumfaktor ist selten populär, da sie zwangsläufig mit Schmerzen verbunden ist. Es handelt sich genau um den Bereich, dem wir intuitiv auszuweichen neigen. Die Arbeit an diesem Punkt stößt oft auf erheblichen Widerstand.

Welche Folgen hat es, der schmerzhaften Arbeit am Minimumfaktor aus dem Wege zu gehen, und welche Folgen hat es, wenn man sich ihm proaktiv und konsequent stellt? In einer Untersuchung aller Gemeinden, die zwei oder mehr Gemeindeprofile durchgeführt haben, unterschieden wir zwei Kategorien von Gemeinden:

- Erstens diejenigen, die sich auch wirklich auf ihren Minimumfaktor einließen und erfolgreich daran arbeiteten, was sich in einer Steigerung von fünf oder mehr Punkten im Bereich des Minimumfaktors (im Vergleich zum vorangegangenen Profil) zeigte.
- Zweitens diejenigen, die entweder den Minimumfaktor ignorierten oder unzureichend an ihm arbeiteten, was sich darin zeigte, dass sich der Wert des Minimumfaktors im Vergleich zum vorangegangenen Profil nicht änderte oder sogar sank.

Beim Vergleich der beiden Kategorien machten wir folgende Entdeckungen:

- Erstens erlebten diejenigen Gemeinden, die ihren Minimumfaktor erfolgreich angegangen sind, zwischen den beiden Profilen eine Steigerung ihrer Gesamtqualität um durchschnittlich zwölf Punkte. Im Gegensatz dazu sank die Qualität derjenigen Gemeinden, die zwar ein gewisses Interesse an der Gesundheit ihrer Gemeinde haben (sonst hätten sie ja das Gemeindeprofil gar nicht erhoben), aber in der praktischen Arbeit andere Prioritäten setzten (d.h. sich auf einen Bereich ihrer Präferenz konzentrieren), im Durchschnitt um zehn Punkte.
- Zweitens stiegen innerhalb der Gemeinden, die ihren Minimumfaktor erfolgreich angegangen sind, auch die Werte der meisten anderen Items, mit einer signifikanten Ausnahme: Bei der Reaktion auf das Item „Die Atmosphäre in unserer Gemeinde ist durch Freude und Lachen geprägt" nahmen die Werte kurzfristig ab, während sie sich in Gemeinden, die ihren Minimumfaktor ignorierten, zunächst einmal erhöhten.

Wenn wir es ernst meinen mit unseren Minimumfaktoren, müssen wir einen Preis bezahlen. Ein solcher Prozess besteht nicht nur aus Spaß und Lachen. In Gemeinden, die mutig genug sind, ihre Schwachstellen anzugehen, gibt es jedoch auf lange Sicht erkennbar mehr zu lachen als in solchen, die dieses Problem ignorieren. Dies scheint eine biblische Aussage widerzuspiegeln: „Wer sein Leben erhalten will, der wird's verlieren; wer aber sein Leben verliert um meinetwillen, der wird's finden" (Matthäus 16,25). Wenn wir das auf eine etwas saloppere Art ausdrücken, könnten wir sagen: Wer seinen Fun-Faktor erhöhen will, wird wenig zu lachen haben. Wer dagegen bereit ist, kurzfristige Unterhaltung für das Reich Gottes zu opfern, wird deutlich mehr Grund zum Lachen haben.

Anstatt Schmerzen zu vermeiden, ist das Geheimnis geistlicher Gesundheit, Schmerzen als Mittel zur Stärkung der emotionalen Muskeln zu sehen. Es ist vollkommen normal, dass wir uns dann, wenn wir unsere Wohlfühlzone verlassen, unwohl fühlen. Gefühle des Unbehagens sind ein Hinweis darauf, dass die wachstumsfördernden Maßnahmen Wirkung zeigen. Anstatt jedoch für diesen Effekt dankbar zu sein, glauben viele Menschen, dass in den Momenten, in denen sie sich unwohl fühlen, etwas schief gegangen sein muss. Einige interpretieren diese Gefühle sogar als „Abwesenheit des Heiligen Geistes".

Wann immer einer meiner christlichen Coachees über einen emotionalen Schmerz klagt und ich spüre, dass dieser Schmerz Teil eines Wachstumsprozesses ist, reagiere ich etwa so: „Wunderbar. Das ist der Heilige Geist, der in dir wirkt. Sollen wir dafür beten, dass mehr davon geschieht?" Für viele Menschen kommt die Verbindung von „Heiligem Geist" und „Schmerz" fast schon einer Blasphemie gleich. Für sie ist das Wirken des Heiligen Geistes ausschließlich mit „positiven Gefühlen" verbunden. Eine solche Haltung untergräbt geistliches Wachstum sehr viel mehr, als die meisten von uns ahnen.

Durch Teilen Wachsen

Vielleicht ist das ultimative Geheimnis kontinuierlichen Wachstums die Erkenntnis, dass man im geistlichen Bereich nur das behalten kann, was man hat, wenn man es mit Anderen teilt. Beim Coaching beende ich die Sitzungen häufig mit den Worten: „Willst du diese Erkenntnis zum Leben erwecken? Dann teile sie mit zwei weiteren Personen. Und zwar sofort, nicht morgen, sondern jetzt."

Es gibt kaum etwas, das geistliches Wachstum wirksamer anregt, als das, was wir empfangen haben, mit anderen Menschen zu teilen. Ich möchte dabei mithelfen, diese Verbindung zwischen Weitergeben und Wachstum als automatisierten Impuls in die Köpfe und Herzen meiner Coachees zu pflanzen. Wann immer sie etwas empfangen, sollte die erste Frage, die ihnen in den Sinn kommt, sein: „Wie kann ich das mit Anderen teilen?" Sobald diese Frage Teil unseres Lebensstils geworden ist, brauchen wir keine Programme mehr für „kontinuierliches Wachstum". Das Teilen an sich ist das ideale Trainingsprogramm.

In weiten Teilen der Christenheit besteht die Tendenz, alle Versuche, geistliche Einsichten oder Erfahrungen mit Nichtchristen zu teilen, zu diskreditieren. Ich habe unzählige Bücher gelesen, in denen die Worte „Evangelisation" oder „Mission" als Ausdruck von „Imperialismus", „Intoleranz" und sogar „Gewalt" bezeichnet werden. Zwar besteht kein Zweifel, dass es Menschen gibt, die eine imperialistische Geisteshaltung haben, und das ist deutlich spürbar, wenn sie evangelisieren. Aber an sich hat „Evangelisation" nicht die geringste Affinität zu den genannten Stichworten. Vielmehr ist sie ein Ausdruck dafür, dass wir das, was wir von Gott empfangen haben, mit anderen Menschen teilen.

Wie sollten wir die Alternative zum Teilen bewerten – das Bestreben also, das Wertvollste, das wir empfangen haben (die Liebe Gottes), für uns selbst zu behalten? Ist es ethisch geboten, derartige Erfahrungen als etwas „Privates" zu betrachten? Oder könnte sich herausstellen, dass eine solche Einstellung einem ziemlich egozentrischen Fokus entspringt? Die lateinische Wurzel des Wortes „privat" – das Verb *privare* – ist höchst aufschlussreich. Es bedeutet wörtlich „Anderen etwas vorenthalten", „Anderen etwas nehmen" oder gar „Andere berauben". Wann immer wir versucht sind, den christlichen Glauben als reine „Privatsache" zu behandeln, sollte wir uns an diese etymologische Erkenntnis erinnern. Die Kultivierung eines „privaten Glaubens" als eine Art geistlichen Diebstahls? Sowohl aus etymologischer als auch aus theologischer Sicht kommt diese Interpretation der Wahrheit recht nahe.

Der römisch-katholische Theologe Fulbert Steffensky hat in wunderbaren Worten zusammengefasst, worum es an dieser Stelle geht: „Mission ist das glaubwürdige Gespräch von Menschen darüber, was ihnen wirklich wichtig ist im Leben; ist die gewaltlose Werbung für die Schönheit eines Lebenskonzepts. Die Werbung geschieht mit der Absicht, dass auch der Fremde schön finde, was wir lieben und woran wir glauben"[4]. Wann immer wir Begriffe wie Mission oder Evangelisation verwenden, sollten wir diese Dimension im Hinterkopf behalten. Eine persönliche Reise mit Gott beginnen, sich bewusst werden, dass man täglich von Gottes Energie durchdrungen ist, sich immer mehr verändern, um Christus ähnlicher zu werden – das ist der ultimative Weg, die Art von „Schönheit" auszudrücken, von der Fulbert Steffensky spricht.

Veränderung ist möglich

Kommen wir auf die zu Anfang dieses Kapitels erwähnte Studie zurück. Je länger Menschen Christen sind, desto wahrscheinlicher erleben sie „Negativ-Wachstum" im Glauben. Dies scheint zwar eine universelle Tendenz zu sein, sollte allerdings nicht mit einem Naturgesetz verwechselt werden. Wann immer wir Coaching-Prozesse auswerten, indem wir zwei das persönliche Leben betreffende eTests miteinander vergleichen – einen zu Beginn des Prozesses, den anderen zu einem späteren Zeitpunkt –, können wir erkennen, dass Veränderung möglich ist. In 79 Prozent aller Fälle erzielen Personen in ihren Wiederholungstests höhere Werte, d.h. sie sind sichtbar gewachsen. Wenn wir uns dafür einsetzen, dass Menschen im Blick auf Reife und Mündigkeit Fortschritte machen, können wir erwarten, dass dies auch tatsächlich geschieht.

Im Coaching verwende ich routinemäßig eine Methode, die derartig simpel klingt, dass es mir fast peinlich ist, darüber zu reden. Um meine Erwartung zu kommunizieren, dass kontinuierliches Wachstum das Selbstverständlichste der Welt sein sollte, eröffne ich häufig eine Coaching-Sitzung mit der Frage: „Was hat sich seit unserem letzten Treffen verbessert?" Ich frage also bewusst nicht: „*Hat* sich irgendetwas verbessert?", sondern: „*Was* hat sich verbessert?" Vielleicht waren diese Veränderungen nur gering, mikroskopisch klein. Wenn das so sein sollte, dann sprechen wir über diese kleinen Veränderungen, aber wir sprechen immer noch über Veränderungen, über Fortschritte, über Wachstum. Ich möchte mit jeder Zelle meines Körpers die Erwartung kontinuierlichen Wachstums ausstrahlen. Wenn es innerhalb eines bestimmten Zeitrahmens nicht dazu kommt, ist das keine Tragödie. Aber es ist zweifellos ein Problem, das angegangen werden muss. In der nächsten Sitzung frage ich dann vielleicht: „Erzähl mir von den *drei* wichtigsten Dingen, die sich seit unserem letzten Treffen verbessert haben."

Eine vertiefte Auseinandersetzung mit diesen Fragen finden Sie in der Glaubens-Trilogie.

Nach einer Weile beginnen viele Coachees, über ihre aktuellen Wachstumserfahrungen zu sprechen, auch ohne dass ich sie überhaupt danach gefragt hätte.

Nachwort:
Noch heute beginnen

Alle mir bekannten Prognosen über die Zukunft des Christentums, die auf empirischen Untersuchungen beruhen, fallen negativ aus. Sie erwecken den Eindruck, als habe die Kirche ihren Höhepunkt irgendwann in der Vergangenheit gehabt, während sie jetzt dazu verurteilt sei zu schrumpfen. Und in dieser Aussage steckt mehr als nur ein Körnchen Wahrheit. Wer will, dass das Christentum bleibt, wie es ist, der will nicht, dass es bleibt. Was diese Studien jedoch nicht berücksichtigen, sind die folgenden beiden Faktoren:

- Erstens gibt es *das* Christentum als uniforme Einheit gar nicht. Gemeindliches Leben manifestiert sich auf sehr unterschiedlichen Qualitätsstufen. Während Gemeinden mit geringer Qualität (die Kategorie, die Forscher vermutlich in erster Linie vor Augen haben) schrumpfen, gilt das Gleiche für Gemeinden, denen es gelungen ist, eine hohe Qualität zu erreichen, nicht.
- Zweitens kann die Qualität von Gemeinden gesteigert werden. Gemeinden können qualitativ wachsen und damit gesunder werden. Dies ist unsere überwältigende Erfahrung in der Arbeit mit Zehntausenden Gemeinden auf der ganzen Welt. Sobald sich die Qualität ändert, ändern sich auch die quantitativen Wachstumsmuster. Mir ist keine empirisch fundierte Prognose bekannt, die diese Möglichkeit berücksichtigt hätte.

Der wichtigste Grund, warum dies nicht berücksichtigt wird, besteht darin, dass für die Forscher die Kategorie „Gemeindequalität“ als empirisch messbare Größe überhaupt nicht zu existieren scheint. Empirische Forschung in christlichen Gemeinden hat unzählige Merkmale beobachtet und ausgewertet, dabei aber unterschiedliche Ebenen der gemeindlichen Gesundheit gänzlich ignoriert. Alle Prognosen, die mir bekannt sind, beruhen auf der Annahme, dass das Christentum, wie es ist, so bleiben wird, wie es ist. Warum sind diejenigen, die diese Prognosen abgeben, so überzeugt davon? Unsere Forschung offenbart Fakten, die dem widersprechen:

- Erstens: Gemeinden, die sich ändern wollen, können sich auch ändern. Das ist kein einfaches Unterfangen, aber es ist durchaus möglich.
- Zweitens werden Gemeinden, die sich positiv verändern, nach relativ kurzer Zeit ein deutlich anderes Qualitätsniveau aufweisen.
- Drittens führt diese Qualitätssteigerung zu wenig überraschenden quantitativen Effekten. Gesunde Gemeinden sind wachsende Gemeinden.

Sieben Kennzeichen von Christentum 3.0

In diesem Buch haben wir wiederholt den Begriff *Christentum 3.0* benutzt. Dieser Ausdruck ist ein Kürzel für die Aufgabe, vor der die Christen heute stehen – vergessene Erkenntnisse aus der Phase des Christentums 1.0 wiederzuentdecken und diese auf die Herausforderungen unserer Zeit zu beziehen. Wenn ich die wichtigsten Kennzeichen von Christentum 3.0 nennen sollte (Eigenschaften, die das Christentum von der vorangegangenen Phase unterscheiden), würde ich die folgenden sieben Punkte auswählen:

- Erstens die Bereitschaft, die *gesamte biblische Lehre ernstzunehmen.* Derzeit stehen wir vor der paradoxen Situation, dass viele derer, die eine hohe Wertschätzung der Bibel propagieren, nicht bereit sind, sich auf diejenigen Teile der biblischen Lehre einzulassen, mit denen sie bislang nicht vertraut waren oder die ihnen Unbehagen bereiten. In vielen Fällen scheint die von ihrer Tradition geprägte persönliche Wohlfühlzone einflussreicher zu sein als die Neugierde, in jene biblischen Dimensionen vorzustoßen, die in der Vergangenheit vernachlässigt oder gar völlig ignoriert wurden. Um neue Entdeckungen in der Bibel zu machen, bedarf es einer geistig offenen Haltung.
- Zweitens das Ausleben der eigenen *christlichen DNA*. Wann immer ich in diesem Buch den Begriff „gemeindliche Qualität“ verwendet habe, habe ich ihn niemals im Sinne von „Professionalität“ benutzt. Vielmehr wird der Begriff immer als Abkürzung für die christliche DNA verwendet, also für das, was das Christentum christlich macht. Heute besteht die größte Notwendigkeit darin, sich auf diese DNA zu konzentrieren, nicht auf Reformen, die genauso gut auch an Marketingagenturen delegiert werden könnten. An sich ist Marketing eine gute Sache. Aber das brennendste Problem innerhalb des Christentums ist derzeit nicht schlechte Vermarktung. Marketingspezialisten können nur das verkaufen, was auch in den Regalen steht. Wenn wir ein mangelhaftes Produkt auf den Markt bringen, könnte Marketing durchaus helfen, es dennoch zu verkaufen, aber die Kunden würden gewiss nicht wiederkommen. Es ist relativ einfach, Menschen zu einem einmaligen Gottesdienstbesuch zu bewegen. Marketingagenturen können an dieser Stelle wahre Wunder wirken. Wenn es indessen darum geht, Menschen zu einem kontinuierlichen Leben in der Nachfolge Jesu zu bewegen, nimmt die Kompetenz von Marketingagenturen erdrutschartig ab. Erdrutschartig!

- Drittens die Integration von Erkenntnissen aus *Ost und West*. Die Entfremdung zwischen Ost- und Westkirchen hat zu zwei amputierten Formen des Christentums geführt. In Zukunft sollten westliche Christen aus den Erkenntnissen des Ostens lernen und umgekehrt. Es lässt sich leicht nachweisen, dass genau diejenigen Elemente, die in jedem der beiden Flügel fehlen, im jeweils komplementären Flügel zu finden sind. Versuche, die Kirche zu erneuern, indem sie das östliche Christentum noch östlicher und das westliche noch westlicher machen, gehen an den Herausforderungen unserer Zeit vorbei.
- Viertens die Einbeziehung der biblischen Lehre über *Gottes Energie* in Theologie und geistliche Praxis. Das Unvermögen, diese Lehre in der Bibel überhaupt wahrzunehmen, erklärt ein breites Spektrum von Problemen, mit denen viele Kirchen heute konfrontiert sind – geistliche Unzufriedenheit, eine auffällige Diskrepanz zwischen gesetzten Zielen und tatsächlichen Ergebnissen, überflüssige Konflikte und Spaltungen, Ineffektivität im Umgang mit der Realität der Sünde, unnötige Barrieren zwischen Christen und Nichtchristen, Unfähigkeit zu verstehen, was es mit „Von selbst"-Wachstum auf sich hat, geringe Fruchtbarkeit in allen Bereichen kirchlichen Engagements. Die Gemeinde der Zukunft wird Gottes motivierende Energie als eine biblische Kernkategorie wiederentdecken und den Menschen helfen, ihre persönlichen Energieressourcen ausfindig zu machen und sie für das Reich Gottes einzusetzen.
- Fünftens die Verlagerung von externen Anreizen zu *intrinsischer Motivation*. Derzeit konzentrieren sich viele Motivationsstrategien in erster Linie auf externe Stimuli oder sprechen – sofern sie sich auf innere Motivation beziehen – primär den menschlichen Willen an. Vernachlässigt wird die motivierende Kraft, die Gottes Energie entspringt.
- Sechstens eine Neudefinition der Balance zwischen *Identität und Anpassung*. Christen sollten sich klar darüber sein, was sie unverwechselbar macht („Was ist unsere christliche DNA?"), und gleichzeitig eine unbegrenzte Offenheit nach außen zeigen („Wie können wir selbst geschaffene Barrieren überwinden?"). Gegenwärtig stehen wir vor der umgekehrten Situation. Auf der einen Seite gibt es viele Christen, die eine grenzenlose Offenheit nach außen an den Tag legen, aber Schwierigkeiten haben, ihre Identität zu definieren. Sie sind offen für den Umgang mit Nichtchristen, aber sie wissen nicht wirklich, was sie selbst glauben. Auf der anderen Seite gibt es Christen, die starke Überzeugungen im Blick auf ihren Glauben haben, aber sie sind nicht in der Lage, auf Augenhöhe mit Menschen außerhalb ihrer Gruppen zu kommunizieren.

- Siebtens die Verpflichtung, Menschen kontinuierlich dabei zu helfen, im Blick auf *Freiheit, Mündigkeit und Verantwortlichkeit* zu wachsen. Dies sind drei Merkmale, die uns erkennen lassen, inwieweit der Einsatz für gemeindliche Gesundheit an biblischen Maßstäben ausgerichtet ist. Gemeinden sollten Menschen, die Defizite in einem oder allen der drei genannten Bereiche haben, willkommen heißen. Aber sie müssen ihnen helfen, in jedem einzelnen Bereich kontinuierlich Fortschritte zu machen. Ein sukzessiver Rückgang von Freiheit, Mündigkeit und Verantwortlichkeit, wie er in vielen Gruppen beobachtet werden kann, sollte als Indikator für sektiererische Tendenzen verstanden werden, völlig unabhängig davon, wie rechtgläubig die lehrmäßigen Überzeugungen der jeweiligen Gruppe auch sein mögen.

Wir haben alles, was wir brauchen

Wenn wir mit all diesen Herausforderungen konfrontiert sind, könnten wir versucht sein zu sagen: Das ist ja alles gut und schön, aber wie kann ich, ein einfacher Christ, diese Dinge zum Positiven wenden?

Auf diese Frage gibt es eine klare Antwort. Jeder Christ ist bereits mit allen notwendigen Ressourcen ausgestattet, um die in diesem Buch beschriebenen Reformprozesse voranzutreiben. Das Problem ist, dass viele sich dieser Ressourcen noch nicht bewusst sind.

- Erstens können wir unsere einzigartigen Energieressourcen, unsere geistlichen Stile und unsere geistlichen Gaben ausfindig machen. Und dann können wir entscheiden, an welcher Stelle wir dieses von Gott gegebene Kapital so investieren sollten, dass es den größten Nutzen für die Menschen in unserem Verantwortungsbereich bringt[1].
- Zweitens brauchen wir niemanden um Erlaubnis zu bitten, diesen Weg gehen zu dürfen. Es wäre absurd, jemanden zu fragen: „Darf ich bevollmächtigender, leidenschaftlicher, liebevoller werden?“ „Darf ich Gottes Energie in meinem Leben wahrnehmen und nutzen?“ „Darf ich teilen, was ich empfangen habe?“
- Drittens kann jeder sofort beginnen. Niemand muss auf irgendetwas warten. Alles, was wir benötigen, steht uns bereits zur Verfügung. Wir müssen einfach loslegen.

Wenn Sie selbst kein Christ sind und zu diesen Reformprozessen beitragen wollen, möchte ich Ihnen die folgenden drei Schritte ans Herz legen:

- Gewinnen Sie zunächst ein Gefühl für das, was Gott bereits in Ihr Leben investiert hat. Vielleicht ist es für Sie augenöffnend, einen eTest zu machen, um dieses Potenzial zu entdecken. Unter *3colorworld.org/etests* haben Sie Zugang zu verschiedenen eTests, die Sie im Blick auf unterschiedliche Bereiche Ihres Lebens einsetzen können.

- Zweitens sollten Sie nach einer Gruppe von Menschen Ausschau halten, die (a) ein hohes Engagement für persönliches Wachstum an den Tag legt und (b) undogmatische Einstellungen vertritt. Mit anderen Worten, suchen Sie nach einzelnen Personen oder Gruppen von Menschen, die sich dem Christentum 3.0 verpflichtet fühlen. Wenn Sie nicht gut mit Christen vernetzt sind, wird das natürlich eine gewisse Herausforderung sein. Das Netzwerk „myoikos“ könnte Ihnen jedoch helfen, das Gesuchte zu finden (*myoikos.life*).
- Drittens sollten Sie in diesem Kontext in einen Prozess des gegenseitigen Mentoring einsteigen, also in einen Prozess des gegenseitigen Lernens auf Augenhöhe. Unabhängig von Ihren gegenwärtigen religiösen Überzeugungen können Sie zu einer neuen Form des Christentums beitragen, und Sie selbst werden von diesem Prozess profitieren.

Kürzlich hatte ich einen Coaching-Prozess mit einer Leiterin, die auf nationaler Ebene in der Leitung ihrer Kirche arbeitet. Wir sprachen über einen Veränderungsprozess in ihrem Verantwortungsbereich, und sie hatte sich dafür entschieden, die notwendigen Schritte einzuleiten. Nach unserer dritten Coaching-Sitzung fragte sie mich per E-Mail, ob November nächsten Jahres ein guter Zeitpunkt sei, den Prozess zu beginnen. Meine Antwort war kurz: „Nein, das ist ein fürchterliches Timing. Heute wäre gut.“

Ein paar Minuten nachdem ich die E-Mail abgeschickt hatte, traf die Antwortmail ein: „Brauchen wir nicht etwas mehr Zeit zur Vorbereitung?“

Meine Antwort war: „Das zu tun, von dem du weißt, dass es getan werden muss – das *ist* die denkbar beste Vorbereitung.“

Ich machte ihr klar, dass „Vorbereitung“ nicht in erster Linie in Coaching-Sitzungen, Seminarräumen oder Gremien-Gesprächen geschieht, sondern in der umgehenden Umsetzung der ersten Schritte dessen, was bereits klar vor Augen steht. In der nachfolgenden Coaching-Sitzung können wir dann die gemachten Erfahrungen auswerten. Dann identifizieren wir die nächsten Bereiche, die angegangen werden müssen, und beginnen damit, notwendige Veränderungen unmittelbar umzusetzen.

Bisweilen wird Führung als „Kunst des Möglichen“ beschrieben. Ich möchte dieser Definition ausdrücklich widersprechen. Man muss wahrlich keine Führungskraft sein, um das Mögliche zu verwalten. Unsere Definition von Führung sollte eine andere sein. Führung ist die Kunst, das zu ermöglichen, was derzeit unmöglich erscheint.

Anmerkungen

Einführung

1 Dietrich Bonhoeffer, *Widerstand und Ergebung* (DBW 8), Gütersloh: 2015, S. 436.

2 Ebd.

3 Ebd.

4 Emmi Bonhoeffer, *Nachbarskinder im Professorenviertel*, in: Wolf-Dieter Zimmermann (Hrsg.), *Begegnungen mit Dietrich Bonhoeffer*, München: 1964, S. 29.

5 Daniel Franklin / John Andrews (Hrsg.), *Megachange. The World in 2050*, London: 2012, S. 79.

Kapitel 1

1 Nach unseren Untersuchungen sind die entscheidenden Qualitätsmerkmale folgende: bevollmächtigende Leitung, gabenorientierte Mitarbeiterschaft, leidenschaftliche Spiritualität, zweckmäßige Strukturen, inspirierender Gottesdienst, ganzheitliche Kleingruppen, bedürfnisorientierte Evangelisation, liebevolle Beziehungen. Vgl. Christian A. Schwarz, *Natürliche Gemeindeentwicklung*, überarbeitete und aktualisierte vierte Auflage, Emmelsbüll: 2006.

2 Vor 2008 bedeutet: zwischen 1994 und 2007; nach 2012 bedeutet: zwischen 2013 und 2018.

3 Dietrich Bonhoeffer, *Konspiration und Haft 1940–1945* (DBW 16), Gütersloh: 2015, S. 325.

4 Dietrich Bonhoeffer, *Illegale Theologenausbildung: Finkenwalde 1935–1937* (DBW 14/1), Gütersloh: 2015, S. 659f.

5 Dietrich Bonhoeffer, *Widerstand und Ergebung* (DBW 8), Gütersloh: 2015, S. 404.

Kapitel 2

1 https://3colorworld.org/etests

2 *Diagnostic and Statistical Manual of Mental Disorders* (4th edition), Washington: 1994. Für den Gebrauch dieser Liste in Seminaren habe ich den Wortlaut angepasst, ohne auch nur einen der neun Punkte in der Substanz zu verändern.

3 Dietrich Bonhoeffer, *Widerstand und Ergebung* (DBW 8), Gütersloh: 2015, S. 35.

4 Dietrich Bonhoeffer, *Berlin 1932–1933* (DBW 12), Gütersloh: 2015, S. 257.

5 Ebd.

6 Uwe Schulz, *Was wären wir ohne Dietrich Bonhoeffer?*, Basel: 2013, S. 42.

Kapitel 3

1 John Paul II, *Ut Unum Sint*, Rom: 1995, no. 54.

2 Dietrich Bonhoeffer, *Ökumene, Universität, Pfarramt 1931–1933 (DBW 11)*, Gütersloh: 2015, S. 89f.

3 Dietrich Bonhoeffer, *London 1933–1935* (DBW 13), Gütersloh: 2015, S. 214.

4 Ebd., S. 146.

5 Cross, S.H / Sherbowitz-Wetzor, O.P. (Hrsg.), *The Russian Primary Chronicle*, Cambridge: 1953, S. 111.

6 Paul Tillich, *Systematic Theology*, vol. 1, Chicago: 1951, S. 86.

Kapitel 4

1 Christian A. Schwarz, *Gottes Energie. Die Wiederentdeckung einer neutestamentlichen Realität* (Die Energie-Trilogie, Band 1), Emmelsbüll: 2020.

2 Aus Gründen, die ich an anderer Stelle erläutert habe, kommt das deutsche Wort „energetisieren", das man verschiedentlich finden kann, nicht in Frage. Siehe ebd., S. 44–49.

3 Augustine, *On the Free Choice of the Will, On Grace and Free Choice, and Other Writings*, Cambridge: 2010, S. 244.

Kapitel 5

1 Klaus Michael Meyer-Abich, *Komplementarität*, in: Historisches Wörterbuch der Philosophie (hrsg. von J. Ritter and K. Gründer), Basel: 1967, S. 933f.

2 Dietrich Bonhoeffer, *Widerstand und Ergebung* (DBW 8), Gütersloh: 2015, S. 333f.

Kapitel 6

1 https://3colorworld.org/etests

Kapitel 7

1 Alister E. McGrath, *The Open Secret*, Oxford: 2008, S. 20.

2 Thomas Meyer, *Fundamentalismus. Aufstand gegen die Moderne*, Reinbek: 1989, S. 174.

3 Dietrich Bonhoeffer, *Widerstand und Ergebung* (DBW 8), Gütersloh: 2015, S. 406f.

4 Eberhard Bethge, *Dietrich Bonhoeffer*, München: 1967, S. 1033.

5 https://3colorworld.org/etest

6 Lev Tolstoy, *Path of Life*, New York: 2002, S. 35.

Kapitel 8

1 Helmut Gollwitzer / Wilhelm Weischedel, *Denken und Glauben*, Stuttgart 1965., S. 13.

2 Ebd., S. 277.

3 Ebd., S. 19.

4 Ebd., S. 61.

5 André Comte-Sponville, *L'esprit de l'athéisme. Introduction à une spritualité sans Dieu*, Paris: 2006.

6 Ebd., S. 81.

7 Ebd., p 82.

8 Ebd., S. 86.

9 Ebd., S. 87.

10 Zitiert von Christian Modehn in: https://religionsphilosophischer-salon.de/66_andre-comte-sponville-atheistische-spiritualitat_mystik-und-atheismus

11 André Comte-Sponville, aaO., S. 9.

12 Ebd., S. 10.

13 Ebd. S. 88.

14 Ebd. S. 23.

15 Ebd., S. 88f.

16 Ebd., S. 77.

17 Ebd., S. 62.

18 Alain de Botton, *Religion for Atheists*, London: 2012.

19 Ebd., S. 14.

20 Ebd., S. 15.

21 Ebd., S. 312.

22 Ebd., S. 12.

23 Ebd., S. 33.

24 Ebd., S. 32.

25 Ebd., S. 124.

26 Ebd.

27 Ebd., S. 181.

28 Ebd., S. 188.

29 Heiko Ernst, *Wie uns der Teufel reitet*, Berlin: 2006.

30 Ebd., S. 9.

31 Ebd.

32 Ebd., S. 10.

33 Ebd., S. 16.

34 Ebd., S. 17.

35 Ebd., S. 28.

36 Ebd., S. 29.

Kapitel 9

1 Dietrich Bonhoeffer, *Ökumene, Universität, Pfarramt 1931–1933 (DBW 11)*, Gütersloh: 2015, S. 353.

2 Diese Übersicht beschäftigt sich nicht mit der Frage, welche Sicht „wahrer" bzw. „hilfreicher" als andere ist, sondern stellt schlicht unterschiedliche Sichtweisen, die sich im Christentum ausfindig machen lassen, nebeneinander.

3 Thomas Bonhoeffer, *Von Gottes Bescheidenheit*, Münster: 2009, S. 23.

Kapitel 10

1 Zitiert in: Ernst Peter Fischer, *Die Verzauberung der Welt*, München: 2014, S. 291.

2 Eugenie Scott, *Darwin Prosecuted*, in: Creation/Evolution Journal 13, no. 2, 1993, S. 43.

3 Paul Davies, *God and the New Physics*, London: 1990, S. 209.

4 Zitiert in: Max Born, *Physik im Wandel meiner Zeit*, Braunschweig: 1983, S. 292.

Kapitel 11

1 Eberhard Bethge, *Dietrich Bonhoeffer*, München: 1967, S. 506.

2 Dietrich Bonhoeffer, *Ethik* (DBW 6), Gütersloh: 2015, S. 47.

3 Ebd., S. 48.

4 Donald A. McGavran, *The Bridges of God*, Eugene: 2005.

Kapitel 12

1 Emmi Bonhoeffer, *Essay – Gespräch – Erinnerung*, Berlin: 2005, S. 35–38.

2 Dietrich Bonhoeffer, *Widerstand und Ergebung* (DBW 8), Gütersloh: 2015, S. 568.

3 Ebd., S. 33.

4 Zitiert in Heinzpeter Hempelmann, *Der Neue Atheismus*, Gießen: 2010, S. 8.

Nachwort

1 https://3colorworld.org/etests